Henriette Mandl

Wiener Altstadt-Spaziergänge

UEBERREUTER

Bildnachweis:
Archiv der Autorin: I/9, I/16, II/39, II/43, II/59, II/64, II/68, III/75, III/85, III/89, III/91, III/102, III/107, III/108, V/155, V/167, V/170, VI/205, VI/215, VI/222, VI/224
Bildarchiv der Österreichischen Nationalbibliothek: I/21, II/57, III/79, III/98, III/100, IV/123, IV/139, VI/201, VI/226
Bundesdenkmalamt: I/19, I/27, II/67, IV/134, IV/148, V/175, V/185, VI/209, VI/212
Café Central: V/181
Foto Fasching: II/51
Fremdenverkehrsverband Wien: V/183
Karl Grossschmidt: I/13
Peter Hassmann: IV/123
Lotte Hendrich-Hassmann: I/32, IV/136, V/158

Die Deutsche Bibliothek – CIP-Einheitsaufnahme

Mandl, Henriette:
Wiener Altstadt-Spaziergänge / Henriette Mandl. – 3., überarb. Aufl. – Wien: Ueberreuter, 2001
ISBN 3-8000-3828-5

AU 0590/1

Coverabbildung: Blutgasse in Wien (Henriette Mandl)
Aktualisierte Neuausgabe

Druck: Druckerei Theiss, A-9400 Wolfsberg
7 6 5 4 3 2 1

Ueberreuter im Internet: www.ueberreuter.de

VORWORT

In den acht Jahren seit der letzten aktualisierten Auflage dieses Buches hat Wien ein neues Gesicht bekommen. Abgesehen von den vielen prächtigst wiederhergestellten Bauten sind auch durch Grabungen und Renovierungen erstaunliche Funde zu Tage gekommen, etwa die mittelalterliche Synagoge am Judenplatz oder die Lösung des Geheimnisses des Neidhartgrabes bei St. Stephan. Neue Impulse in dieser Stadt der Musik gibt auch ein speziell dieser Kunst gewidmetes Haus.

Wenn Sie diese Stadt zum ersten Mal besuchen, wollen Sie wahrscheinlich Bekanntschaft machen mit dem Glutmandl oder der Kuh, die mit einem Wolf am Brett spielt.

Aber selbst als Wiener haben Sie vielleicht die romanische Kapelle auf der Freyung oder die Orgelempore von St. Stephan noch nicht entdeckt.

Bereits als 1993 die zweite Auflage dieses Buches erschien, hatte sich die Idee solcher Spaziergänge wie ein Lauffeuer in Wien verbreitet. Heute kann man in jedem Wiener Veranstaltungskalender Dutzende solcher Wanderungen angeboten finden.

Der Vorteil des Buches ist, dass man sich auf eigene Faust zur selbst gewählten Zeit aufmachen kann, ein Stückchen Wien zu erforschen – um dann das Erlebte beim Wiederlesen doppelt zu genießen. Ganz abgesehen davon, dass man Verwandte und Freunde im In- und Ausland damit ermuntern kann, Wien auf diese Art kennen zu lernen.

Wien, Herbst 2001 Henriette Mandl

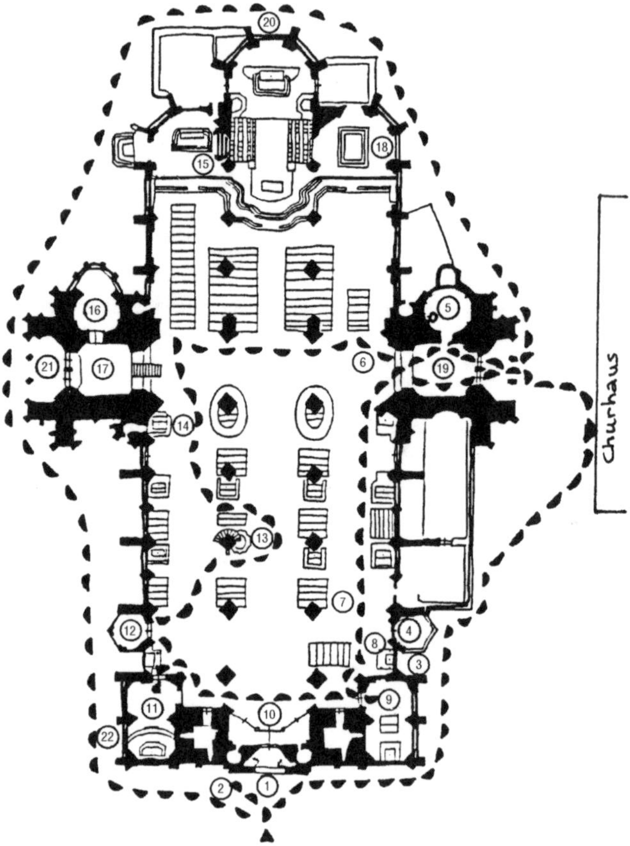

1. Riesentor
2. Elle und Brotmaß
3. Neidhartgrab
4. Singertor
5. Katharinenkapelle
6. Dienstbotenmuttergottes
7. Schutzmantelmadonna
8. Maria Pötsch
9. Eligiuskapelle
10. Orgelempore
11. Tirnakapelle
12. Rudolfsinschrift und Kolomanstein
13. Kanzel
14. Orgelfuß
15. Rudolfsgrabmal
16. Barbarakapelle
17. Nordturm
18. Friedrichsgrab
19. Südturm
20. Zahnwehherrgott
21. Asylring (Leo)
22. Tatermandeln

ERSTE TOUR

Stephansdom

Der Stephansdom

Sind Sie zum ersten Mal in Wien und überlegen Sie eben, wie man die Stadt am besten kennen lernen kann? Wo fängt man an? Der günstigste Ausgangspunkt ist zweifellos der Stephansplatz. Er ist leicht erreichbar, entweder mit dem Bus oder mit der U-Bahn. Sollten Sie jedoch unternehmungslustig genug sein, können Sie auch bereits von der Oper durch die Kärntner Straße zu Fuß zum Dom gehen.

Die meisten meiner Spaziergänge werden daher vom Stephansplatz ausgehen und so soll der Dom selbst als Erster vorgestellt werden.

Der Stephansdom gilt als das Herz von Wien, sein Mittelpunkt. Das war nicht immer der Fall, denn erst 1155 wurde die damalige Kirche in die Stadt einbezogen.

Bis vor kurzem wurde angenommen, dass die erste Stephanskirche hier 1137 erbaut wurde. Der Einbau einer Warmluftheizung im Jahre 2000 brachte jedoch ganz neue Erkenntnisse. Man fand unter dem Fußboden Gräber eines spätantiken Friedhofs. Die darin gefundenen Gebeine wurden untersucht und es zeigte sich, dass sie aus dem 4. Jahrhundert stammen. Fundamente eines Gebäudes kamen zum Vorschein, an deren Innenseite sich Steinplattengräber befanden, in denen offensichtlich hoch gestellte Persönlichkeiten bestattet worden waren. Dieser Sakralbau stammt aus der Zeit um 800.

Es fanden sich auch Fundamente einer Wehranlage, die eine Kirche außerhalb der Stadtbefestigung wegen der wiederholten Ungarnüberfälle sicher dringend nötig hatte. Da die diesbezüglichen Untersuchungen noch lange nicht abgeschlossen sind, können wir mit weiteren Überraschungen rechnen. Eines ist jedoch sicher: Es hat schon lange vor dem jetzigen Bau Gotteshäuser hier gegeben.

Die Wiener verbindet eine seltsame Zuneigung mit diesem uralten Bau. Er ist ihnen ein Symbol geworden und dies kam in den letzten Tagen des Zweiten Weltkrieges sehr

Das Riesentor von St. Stephan

deutlich zum Ausdruck. Die Russen hatten bereits die Innenstadt erobert, während sich die Deutschen zum Donaukanal zurückgezogen hatten, wo sie verzweifelt versuchten, ihre Position zu verteidigen. Im Verlauf des Feuergefechts kam der Stephansdom in die direkte Schusslinie und das Kirchendach stand plötzlich in Flammen. In Windeseile hatte sich der Ruf »Der Dom brennt!« verbreitet und von allen Seiten der Stadt kamen die Wiener, um bei den

Löscharbeiten zu helfen. Als das Feuer gelöscht war, gingen sie daran, aus der Asche und dem Schutt Teile des herabgestürzten Gewölbes und der zertrümmerten Statuen zu bergen, um einen künftigen Wiederaufbau zu ermöglichen.
Wenn wir auf dem Stephansplatz vor dem mächtigen Bau stehen, fällt uns zuerst das romanische Portal auf. »Das Riesentor« wird es genannt. Es trägt diesen Namen nicht etwa wegen seiner Größe, auch nicht weil hier angeblich heidnische Riesen einst getauft worden sind. Selbst die Annahme, dass die Bezeichnung mit dem Mammutknochen zusammenhängt, den man beim Ausheben der Grundmauern des Nordturmes Mitte des 15. Jahrhunderts gefunden hat, ist dadurch widerlegt, dass das »riestor« in den Annalen bereits 1416 erwähnt wird. Es ist daher eher anzunehmen, dass sich der Name von einer »Riesen« ableiten lässt, welcher eine trichterförmige Gleitbahn bezeichnet, die an Berghängen verwendet wird, um Holz ins Tal zu befördern. Der oben erwähnte Riesenknochen eines prähistorischen Tieres wurde zwar tatsächlich zur Schau gestellt, aber erst später und nicht über dem Riesentor, sondern westlich des Nordportals. Dort soll er bis zum 18. Jahrhundert gehangen sein.
Friedrich III. (1415–1493), der sich mit seinem geheimnisvollen Wahlspruch AEIOU verewigte, wo immer er konnte, hinterließ diesen auch auf dem Riesengebein. Die Bedeutung der Buchstaben ist nie eindeutig geklärt worden. Meist werden sie als »Austria erit in orbe ultima« (Österreich wird auf der Welt am längsten bestehen) oder als »Austriae est imperare omni universo« (Alles Erdreich ist Österreich untertan) ausgelegt. Es gibt jedoch noch viele andere Interpretationen.
Oberhalb des Tores, etwas höher und links davon, sitzt ein Mann in einer Mauernische. Man nennt ihn allgemein den »Dornauszieher«, denn mit dem Fuß des einen Beines am Knie des anderen erinnert er an die antike Statue des »Dornausziehers«. Auch hier ist man sich nicht schlüssig, wen diese Figur darstellt. Die gängigste Auslegung ist, dass

es sich um einen irdischen Richter handelt, im Gegensatz zu Christus, dem Weltenrichter, der im Portal selbst thront.
Gehen wir etwas näher heran. Links vom Eingang kann man an der Mauer einen kaum sichtbaren Halbkreis erkennen. Es soll dies das einst gültige Maß für einen Brotlaib gewesen sein. Wurde ein Bäcker verdächtigt, das Brot zu klein gebacken zu haben, so brachte man den Laib hierher. Entsprach er dann nicht dem vorgeschriebenen Maß, erging es dem Bäcker schlecht. Man »schupfte« ihn, das heißt, er wurde in einen hölzernen Käfig gesteckt und in die Donau getaucht.
Gleich unter dem Brotlaib befinden sich zwei Eisenstangen, eine etwas länger als die andere. Es sind »die kleine Elle« (für Leinen) und »die große Elle« (die so genannte Normalelle). Erstere misst 78 Zentimeter, während die zweite 89 Zentimeter lang ist. Auch sie galten als Richtmaß.
Gehen wir nun zum Tor und in die Vorhalle. An den prächtig verzierten Säulen gleitet der Blick nach oben. Aber was sich im Fries darüber abspielt, ist ungeheuerlich. Da gibt es Affen, Drachen, Löwen, Hunde – jede Menge kleiner Bestien. Es finden Machtkämpfe und Morde statt. Das Böse in der Welt wird eindringlich zur Schau gestellt. So geht es hier unten zu.
Doch die Apostel und Evangelisten darüber führen uns zu Christus, dem Weltenrichter, der uns erlösen wird.
Rechts vom Haupttor sieht man ein »O5« in die Mauer eingeritzt. Das war das Zeichen der österreichischen Widerstandsbewegung, genauer gesagt des »Provisorischen Österreichischen Nationalkomitees«, das sich im März 1945 mit den Regierungen der herannahenden Befreiungstruppen in Verbindung setzte. Zu dieser Zeit ist auch das Zeichen am Dom erschienen.
Gehen wir rechts an der Mauer entlang um das Eck. Kurz darauf kommt man zu einer Nische, in der sich ein Hochgrab mit einer beschädigten Figur befindet. Es ist dies das so genannte Neidhart-Grab. Man hatte immer angenom-

men, dass hier Neithart Fuchs, Dichter und Spaßvogel am Hofe Otto des Fröhlichen (1301–1339), liegt, denn sein Schild zeigt einen Fuchs – und auch vom Dach schaut ein kleiner Fuchs quasi als Wasserspeier herunter, der stammt allerdings aus einer späteren Zeit. Dennoch hielt sich auch hartnäckig die Ansicht, dass es sich um einen ganz anderen Neidhart handle, nämlich um den Minnesänger Neidhart von Reuental (ca. 1180–1240, siehe S. 132).
Was Neithart Fuchs betrifft: er war ein witziger Bursche, der sich in seinen Spottgedichten oft über die Bauern lustig machte und daher den Beinamen »der Bauernfeind« erhielt. Eigentlich weiß man nicht einmal, ob er wirklich Neithart hieß oder ob es ein Künstlername war. Und wann er gelebt hat, ist auch nicht eindeutig. Gestorben ist er, so wurde berichtet, um 1334.
Tatsache ist, dass er die Themen der Gedichte seines Vorgängers und wahrscheinlichen Vorbildes Reuental neu gestaltet und in einer etwas derberen, seiner Zeit angepassteren Sprache unter die Leute gebracht hat.
Eine seiner Geschichten bezieht sich auf das Veilchenfest. Damals war es der Brauch, dass der, der im Wienerwald das erste Veilchen fand, seinen Hut darüber stülpte und in die Stadt lief, um dem Hof davon Mitteilung zu machen. Daraufhin zog der Herzog mit seinem ganzen Gefolge hinaus in den Wald. Man feierte diesen Vorboten des Frühlings mit Musik und Tanz.
Einmal war Neithart der Glückliche, der das erste Veilchen entdeckte, und wie es eben damals üblich war, eilte er in die Stadt, um die frohe Kunde zu verbreiten.
Der Hof versammelte sich und man begab sich hinaus. Bald war man an dem Platz angekommen, wo Neitharts Hut lag. Der Dichter ging stolz hin, wollte das lieblich duftende Veilchen den Anwesenden zeigen – als er jedoch seinen Hut hob, fand er, dass ihm die Bauern auf Grund der vielen Späße, die er sich auf ihre Kosten erlaubt hatte, zuvorgekommen waren. Unter dem Hut fand sich kein duftendes Veilchen. Wir wollen uns damit begnügen, zu sa-

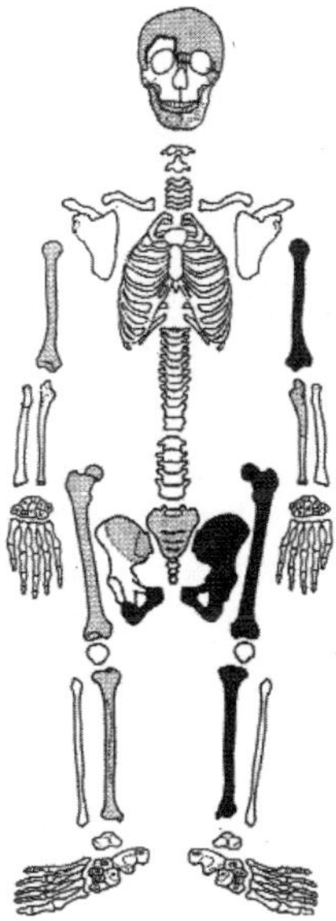

Skelettanteile des »Neidhart von Reuental«
Skelettanteile des »Neithart Fuchs«

gen, dass das, was er vorfand, kaum als wohlriechend bezeichnet werden kann!
Im Jahr 2000 wurde das Grabmal renoviert, und als man die Tumba öffnete, fand man Knochenreste, und zwar zur allgemeinen Überraschung nicht eines, sondern zweier männlicher Skelette!
Nun entschloss man sich, eine Radiokarbonuntersuchung zu machen, um das Alter dieser Gebeine festzustellen. Das Ergebnis bestätigte, dass die einen um etwa 100 Jahre älter als die anderen sind und dass sie sich zeitlich ungefähr mit den angenommenen Lebensdaten der beiden Dichter decken. Dass man im 14. Jahrhundert willkürlich irgendwelche Knochen in einem Prunkgrab bestattet hätte, ist doch

nicht anzunehmen. Vielleicht war es der »Stifter«, Rudolf IV., dem so viel daran gelegen war, das Geistesleben in Österreich zu fördern, der mit diesem Ehrengrab ein Zeichen setzen wollte.

Neben dem Neidhart-Grab war einst ein Eingang in die Kirche; er wird jedoch seit vielen Jahren nicht mehr benützt. Es ist das Singertor, ob nach den Sängern, die daneben begraben liegen, oder nach der nahe liegenden Singerstraße benannt, ist nicht sicher.

Im Mittelalter war das Hauptportal nur zu festlichen Anlässen geöffnet, während die Seiteneingänge dauernd benützt wurden. Dies war das Tor, durch das die Männer in die Kirche gingen, denn in St. Stephan waren – wie in jener Zeit in allen und am Land auch heute noch in vielen Kirchen – die Frauen und Männer getrennt. Hier, auf der rechten Seite, saßen die Männer, so war dies ihr Eingang und daher sind auch alle Heiligen am Portal männlichen Geschlechts.

Das Singertor hieß auch einst »Rendezvous-Tor«, da es als Treffpunkt Verliebter galt.

Leider ist dieses Tor meist geschlossen, aber an Abenden, an denen Konzerte im Dom stattfinden, ist hier der Kartenverkauf und Einlass. Falls sich diese Gelegenheit bietet, sollte man nicht versäumen, das Portal näher zu betrachten. Rechts steht Rudolf der Stifter, der ein Modell des Domes trägt; ihm vis-à-vis seine Gattin Katharina. Aber die eigentliche Sensation ist das Tympanon, das die Bekehrung des Saulus darstellt. Die Dramatik dieser Geschichte ist ungeheuerlich. Wir sehen zuerst links Saulus, der auszieht, die Christen zu verfolgen. Da erscheint ihm Christus: das Pferd strauchelt, Saulus stürzt geblendet zu Boden – und ist bekehrt. Rechts kniet der zum Paulus Geläuterte und bittet in die Christengemeinde aufgenommen zu werden, wird getauft (oben) ... und schon schwingt der Henker das Schwert, ihn zu enthaupten.

Ehe wir uns weiter dem Dom widmen, machen wir einen Sprung hinüber über den Platz zum Churhaus, Stephans-

platz 3a. Da kann man Fotografien sehen, die die Zerstörung zeigen, die St. Stephan in den letzten Tagen des Zweiten Weltkrieges erlitten hat. Zurück zum Dom und zum Primtor vis-à-vis, benannt nach dem darüber befindlichen Primglöcklein, das bei Tagesanbruch die Gläubigen zum Gebet rief. Hier wollen wir den Dom betreten. (Dieses Tor ist allerdings während eines Gottesdienstes geschlossen.)
Drinnen umgibt uns das Dämmerlicht der Vergangenheit. Zur Rechten liegt die Katharinenkapelle, die durch ein schmiedeeisernes Tor vom Querschiff getrennt ist. Durch das Gitter kann man einen herrlichen Taufstein aus dem Jahr 1481 sehen. Der Deckel dieses Taufbeckens hat eine sonderbare Geschichte. Seit dem 16. Jahrhundert diente er als Schalldeckel oberhalb der Kanzel im Mittelschiff. Ich erinnere mich noch gut daran, denn in meiner Kindheit hing er noch dort. Er war während des Krieges heruntergenommen, zerlegt und in Sicherheit gebracht worden, aber durch die Wirren der Zerstörung und den Verlust der diesbezüglichen Aufzeichnungen konnte erst 1946 mit der Wiederherstellung begonnen werden. Der Kunsthistoriker Karl Oettinger wurde mit dieser Aufgabe betraut. Sie erwies sich als schwieriger, als vorauszusehen war. Sechs der Reliefs fanden sich in einem Teppich eingewickelt in der Sakristei. Ein weiteres tauchte in einem Banktresor des Denkmalamtes auf. Man hatte bis dahin angenommen, dass es sich um neugotische Nachbildungen handelte, denn sie waren übermalt worden und man konnte sie so hoch über der Kanzel nicht wirklich sehen. Bei näherer Betrachtung und nach Entfernung der Übertünchung stellte sich jedoch heraus, dass es sich um ein einmaliges Kunstwerk aus dem späten 15. Jahrhundert handelte. Warum aber hatte man es als Schalldeckel verwendet, wo diese Pracht gar nicht zur Geltung kommen konnte? Nun begannen die Spekulationen: Das Programm, nämlich die Darstellung der sieben Sakramente, war eher ein Motiv für Taufsteine als für Kanzeln, auch die Krönung des »Schalldeckels«, die die Taufe Christi darstellt, schien dies zu bestätigen – und

so einen Taufstein gab es doch in St. Stephan – in der Katharinenkapelle. Und siehe da, der Deckel passte genau. So kam nach Jahrhunderten dieses einmalige Kunstwerk wieder an den dafür vorgesehenen Platz.

In dieser Kapelle befindet sich auch einer der schönsten hängenden Schlusssteine des Domes. Die Heiligen sind in der Kunst jeweils mit einem Attribut versehen, also einem Gegenstand, an dem man sie erkennen kann. Als Gedächtnisstütze gibt es folgenden kurzen Vers: »Die Margaretha mit dem Wurm (der übrigens eigentlich ein Drache ist), die Barbara mit dem Turm, die Katharina mit dem Radl: das sind die drei heiligen Madln« – eine despektierliche Art, die jungfräulichen Märtyrerinnen zu bezeichnen. Es ist jene Katharina mit ihrem Radl, die auf diesem Schlussstein abgebildet ist. Auch eine Statue von ihr ziert den Altar.

Wir gehen vor zum Hauptschiff. Rechts hinter einem kleinen Betstuhl, zwischen Kerze und Blumen steht eine liebliche Jungfrau Maria mit dem Kind. Sie heißt im Volksmund die »Dienstbotenmuttergottes«. Mit ihr ist eine Sage verbunden.

Vor vielen Jahren lebte in Wien eine reiche Gräfin, die als sehr fromm galt. Sie hatte in ihrem Haus auch eine eigene Kapelle. Wenn sie jedoch nicht gerade betete, war sie ein wahrer Teufel und ihre Bediensteten fürchteten sie sehr. Unter diesen befand sich auch ein Waisenkind, eine Magd, die niemand hatte, an den sie sich hätte wenden können. Ihr ging es bei der Gräfin besonders übel, denn diese ließ kein gutes Haar an ihr.

Eines Tages war eine wertvolle Perlenkette aus dem Schmuckkästchen der Gräfin verschwunden; ohne auch nur einen Augenblick zu zögern, beschuldigte sie das Mädchen des Diebstahls, da sie behauptete, diese wäre die Einzige gewesen, die Zugang zu der Schatulle gehabt hätte.

Die Rumorwache wurde gerufen, und obwohl die arme Dienstmagd ihre Unschuld beteuerte, wollte man sie abführen. In ihrer äußersten Not lief sie in die Kapelle, warf sich vor der Madonnenstatue auf die Knie und betete:

Deckel des Taufbeckens in der Katharinenkapelle

»Hilf mir, heilige Muttergottes!« Die Gräfin war ihr gefolgt und spottete jetzt: »Das ist *meine* Muttergottes, sie hört nicht auf die Gebete eines Dienstboten!«
»Heilige Jungfrau Maria!«, rief nun das arme Mädchen verzweifelt und klammerte sich an die Statue, »sag, dass es nicht wahr ist, zeig mir, dass du auch das Gebet einer einfachen Dienstmagd erhörst, und beweise ihnen meine Unschuld!«
Der Wachtmeister, der dieser Szene beigewohnt hatte, begann

sich Gedanken zu machen. Er ließ das Haus durchsuchen und tatsächlich fand man bald darauf den Schmuck unter den Habseligkeiten eines Stallburschen. Als man ihn verhörte, gestand er den Diebstahl und die Magd wurde freigelassen.

Die reiche Gräfin jedoch war mit ihrer Statue nicht glücklich, denn eine Madonna, die sich mit Dienstboten abgab, wollte sie nicht in ihrem Besitz haben und so schenkte sie diese der Kirche.

Bald sprach sich die wunderbare Rettung der Dienstmagd in der ganzen Stadt herum und die Statue bekam den Ruf, Schutzherrin der Dienstboten zu sein.

In der Kirche selbst biegen wir links in das Seitenschiff und gehen vor bis zur letzten Säule rechter Hand. Auf dieser steht ziemlich hoch oben eine schlanke Marienstatue mit dem Christuskind. Die Falten ihres Mantels umfassen Hilfesuchende: es ist eine »Schutzmantelmadonna«. Diese Statue hat Dorothea, Witwe des Wiener Bürgermeisters Konrad Vorlauf, gestiftet. Ihr Mann wurde unter Herzog Leopold IV. im Jahre 1408 hingerichtet (siehe S. 198). Links vorne kniet Vorlauf selbst, den Hut zu seinen Füßen, hinter ihm seine beiden Schutzheiligen, über deren Schultern einige Engel herabblicken. Rechts sieht man seine Frau Dorothea mit ihren beiden Töchtern, denen ebenfalls Engel beistehen. Zu Marias Füßen hat die Stifterin das Familienwappen, ein steigendes Pferd, gelegt.

Nun wenden wir uns dem Altar zu, bei dem immer viele Kerzen brennen. Hier wird das Gnadenbild der »Maria Pötsch« (Pócs) aus Ungarn verehrt. Sein Ruf als wundertätiges Bild geht ins 17. Jahrhundert zurück, als viele Zeugen berichteten, dass echte Tränen aus den Augen der Madonna flossen. Man ließ sogar die Flüssigkeit von Gelehrten untersuchen und diese mussten feststellen, dass sie dieselbe Konsistenz wie menschliche Tränen enthielt. Das Bild wurde nach Wien gebracht und schmückte auch einst den Hochaltar. Heute sieht man immer Betende vor diesem Gnadenbild, die die Fürsprache Mariens um die Genesung eines Schwerkranken erflehen.

Die Dienstbotenmuttergottes

Rechts von diesem Altar an der Wand befindet sich das Epitaph eines gewissen Martin Keckmann. Er selbst kniet links vorne im Relief. Zu seinen Füßen kann man, wenn man genau hinsieht, ein struppiges kleines Hündchen erkennen. Sehen Sie sich dieses gut an, bald werde ich Ihnen seinen Bruder vorstellen.
Am Ende des Seitenschiffes links führt eine Tür in eine Ka-

pelle, die nur für Betende bestimmt ist. Sie ist dem heiligen Eligius geweiht, der der Schutzpatron der Goldschmiede war. In dieser Kapelle steht eine altehrwürdige Marienstatue, die »Hausmuttergottes« aus dem ehemaligen Himmelpfortkloster. Sie erhielt diesen Namen, weil das Kloster unter ihrem Schutz, besonders im Pestjahr 1679, nicht einen einzigen Krankheitsfall unter den Insassen zu verzeichnen hatte. Diese Madonna wird jedoch auch »Himmelpförtnerin« genannt (siehe S. 55).

Nun gehen wir von dieser Kapelle quer durch die Kirche und nach links, als würden wir zum Tor hinauswollen. In diesem Vorraum ist eine kleine Tür zur Stiege, die zur Orgelempore führt.

Sollten Sie das Glück haben, in der Zeit zwischen April und Oktober den Dom zu besuchen, steht Ihnen ein einmaliges Erlebnis bevor. Während dieser Monate kann man nämlich auf der Orgelempore eine Ausstellung besuchen und es lohnt sich wirklich, die steile Wendeltreppe hinaufzuklettern. Ganz abgesehen von der jeweiligen Ausstellung hat der Besucher hier Gelegenheit, die Baukunst des Mittelalters aus nächster Nähe zu bewundern. Oben angekommen sieht man sich dem Prachtkapitell einer Säule gegenüber. An der gegenüberliegenden Wand bezaubert einen das Maßwerk eines Radfensters. Aber wenn man dann vorgeht zur Brüstung und in den Dom blickt, hat das Staunen kein Ende. Nirgends kommt einem die Erhabenheit dieses Baues so zu Bewusstsein. Dass die schönen mittelalterlichen Maßwerkfenster hinter dem Hochaltar die Verwüstung der letzten Kriegstage überstanden haben, ist darauf zurückzuführen, dass man sie – wie auch andere Kunstwerke des Doms – vorsorglich in die Katakomben verlagert hatte. Auch die Säulenstatuen, etwa eine Schutzmantelmadonna, einen Sebastian oder einen Christophorus, entdeckt man und wundert sich, wie viel Schönheit einem normalerweise da unten entgeht.

Auf der anderen Seite der Orgel, die über uns schwebt, sind noch weitere Rosenfenster und Kapitelle mit skurrilen

Das Keckmann-Epitaph mit dem kleinen Hund

Tierköpfen zu sehen. Insgesamt hat es hier sechs Rundfenster gegeben. Sie sind heute alle zugemauert oder verdeckt. Aber die Reste zeugen von der reichen Fantasie der damaligen Steinmetze.

Ehe wir zur Stiege zurückgehen, will ich Sie noch auf ein kaum bekanntes Fresko aus dem 13. Jahrhundert an der Nordwand hinweisen. Es verbirgt sich hinter einem Holzgitter und stellt oben Christus mit Heiligen dar, darunter eine thronende Maria ebenfalls mit Heiligen und einer Stifterin. Diese Stifterin ist wahrscheinlich Margarete, die

Schwester des letzten Babenbergerherzogs Friedrich des Streitbaren, die nach seinem Tod das Herzogtum für ihren Sohn beanspruchte. Leider ist kaum noch zu erkennen, dass sie einen Knaben neben sich hat und auf diesen zeigt. Auch ein weiteres Radfenster ist hier zu sehen.

Nun begeben wir uns wieder hinunter.

In Zeiten, in denen keine Ausstellungen sind, ist die Orgelempore leider nicht zugänglich und Sie müssen sich damit begnügen, vom Mittelschiff aus die ganze Größe und Herrlichkeit des Domes auf sich einwirken zu lassen.

Auf der linken Seite befindet sich die Begräbnisstätte des Prinzen Eugen (1663–1736); sie wird auch Tirna- oder Kreuzkapelle genannt. Meist ist sie versperrt und der erste Eindruck ist der des großartigen schmiedeeisernen Gitters, das an die Tore im Park des Schlosses Belvedere erinnert. Durch das Gitter kann man jedoch den in den Boden eingelassenen, schlichten Grabstein der Gruft des Prinzen ausnehmen. Hinter der links vorspringenden Säule ist zwar ein etwas aufwändigeres Grabmahl, das aber vom Tor aus nicht sichtbar ist.

Man bereitete Prinz Eugen, der noch zu seinen Lebzeiten fast schon eine Legende war, ein Staatsbegräbnis, das Kaiser Karl VI. bezahlte. Er fand, dass er damit genug getan hätte und es an der Zeit wäre, dass sich die Erben um die Errichtung eines Grabmales kümmerten.

Obwohl Prinz Eugen kaum als armer Mann starb – er hinterließ seiner Großnichte Anna Viktoria immerhin mehr als eine Million Gulden –, zeigte sich diese Dame keineswegs bereit, ihren Pflichten als Erbin nachzukommen. Die Wiener sollen sich darüber sehr empört haben. Überhaupt schien die Dame der Erbschaft nicht würdig zu sein: die Palais, die einmalige Bibliothek wie auch die Kunstsammlung wurden eiligst verkauft. 18 Jahre nach des Prinzen Tod war es schließlich ein anderes Familienmitglied, die Frau seines Neffen, die den Auftrag zur Errichtung des Grabmales gab.

Auf Grund von Arbeiten im Zusammenhang mit dem U-

Bahn-Bau musste die Gruft des Prinzen Eugen im Jahre 1974 geöffnet werden. Man fand darin drei Särge und eine Herzurne. Zwei der Särge waren an Hand ihren Inschriften leicht identifizierbar. Sie beinhalten die sterblichen Überreste von Eugens Neffen und dessen Frau. Der dritte Sarg war jedoch nicht beschriftet und der einzige Hinweis auf den Inhalt war die Herzurne, die darauf lag. Auf dieser Urne steht: »Herz Seiner Durchlaucht Eugen Franz Prinz von Savoyen, der in Wien am 21. April Anno Domini 1736 gestorben ist.«

Das war eine Überraschung und führte zu einigen Spekulationen. Man hatte immer angenommen, dass das Herz des Prinzen nach Turin gebracht worden war, wo man es begraben glaubte. König Victor Amadeus hatte eine Kirche bauen lassen, zur Erinnerung an die Befreiung der Stadt durch Prinz Eugen im Jahr 1706, und diese Kirche sollte als Begräbnisstätte des Hauses Savoy dienen. Wenn nun die Herzurne tatsächlich das Herz des Prinzen enthält, wieso ist sie in Wien? Wurde sie vielleicht nur für den Transport des Herzens nach Turin benützt und ist sie, da es dort bereits eine zweite gab, nach der Übergabe leer nach Wien gebracht worden? In diesem Fall wäre doch die ausführliche Beschriftung nicht nötig gewesen. Oder stimmt die Annahme der Italiener, dass sich das Herz nicht mehr in Turin befindet, sondern Ende des 18. Jahrhunderts heimlich nach Wien zurückgebracht worden war, als Turin Gefahr lief, von den Franzosen erobert zu werden, und – da diese den Prinzen, der sie in vielen Schlachten geschlagen hatte, nicht gerade liebten – befürchtet wurde, dass seine Grabstätte verwüstet und ausgeraubt werden würde?

So ist die Situation nach wie vor ungeklärt. Bis heute hat man in Turin keine weitere Herzurne gefunden und wir wissen noch immer nicht, was die Urne im Stephansdom beinhaltet. Selbst wenn die Wiener Urne das Herz des Prinzen enthält, bleibt die Frage: Wurde es nie nach Turin gesandt oder, wenn ja, wann kam es zurück und warum?

Oberhalb des Altars in der Tirnakapelle hängt ein großes

Kreuz. Die Figur darauf trägt einen Bart aus echtem Haar und dies gab Anlass zu der Legende, dass dieser Bart wächst und jeweils am Karfreitag gestutzt werden muss. Daher auch der dritte Name dieser Kapelle: »Wo dem Heiland der Bart wächst.«

Wenn wir nun mit dem Rücken zu dieser Kapelle stehen, befindet sich links ein weiterer Seitenaltar und rechts daneben eine kleine Statue des heiligen Judas Thaddäus. An sich nicht von hohem künstlerischem Wert und auch erst kürzlich hier aufgestellt, erinnert sie mich immer an das reizende Gedicht von Josef Weinheber:

Vorher – nachher

Heiliger Thaddäus, hilf mir, ich bitt,
die Kerzen bring ich das nächste Mal mit.

Du hast geholfen. Ich danke dir sehr.
Jetzt brauchts doch wohl keine Kerzen mehr.

Neben der Statue ist der Eingang zum ehemaligen Nordwestportal, durch das die Frauen das Gotteshaus betraten. Heute befindet sich hier ein Geschäft für Kerzen, Postkarten und Broschüren über den Dom. Gehen wir hinein.

An der rechten Wand sieht man eine geheimnisvolle Schrift. Jahrhunderte hindurch hat man sich bemüht, sie zu entziffern; dies gelang erst Mitte des 18. Jahrhunderts und das Resultat lautete: »Hic est sepultus Dei gratia dux Rudolphus Fundator« (Hier liegt durch Gottes Gnaden Herzog Rudolf der Stifter begraben). Rudolf selbst soll diese Schrift erfunden haben. Sie ist den Zeichen der Maurerzunft ähnlich. Aber Rudolf ist gar nicht hinter dieser Mauer begraben und auch nicht in dem Prachtgrab rechts vom Wiener Neustädter Altar, obwohl seine Statue und die seiner Frau Katharina das Grabmal krönen. Er liegt, wie viele seiner Vor- und Nachfahren, in der Fürstengruft in den Katakomben.

Dieser Rudolf IV. ist eine der faszinierendsten Persönlichkeiten der österreichischen Geschichte gewesen. Mit 19 Jahren trat er seine Regierung an und starb bereits mit 26 Jahren. Aber in der kurzen Spanne von nur sieben Jahren verewigte er sich, indem er nicht nur den Grundstein zur Erweiterung der Stephanskirche legte, sondern auch die Wiener Universität gründete (siehe S. 103). Außerdem fälschte er ein Dokument, das so genannte »Privilegium maius«, in welchem die österreichischen Herzöge den deutschen Kurfürsten gleichgesetzt wurden und daher den Rang von Erzherzögen beanspruchen durften. Kaiser Karl IV. – Rudolfs Schwiegervater – hat dieses Dokument nie anerkannt und Rudolf musste den Erzherzogstitel wieder ablegen. Das war jedoch keineswegs das Ende dieser Affäre, denn fast 100 Jahre später sollte ein anderer Habsburger, Friedrich III., die Sache wieder aufgreifen und das Dokument als echt erklären.

Wendet man sich nun dem Tor zu, durch das wir eingetreten sind, kann man Rudolf rechts am Portal sehen, mit einem Modell des Stephansdomes in der Hand.

Übrigens: Rudolfs Porträt ist eines der ersten Porträts, das man seit dem Altertum angefertigt hat. Man kann es im Dom- und Diözesanmuseum, Stephansplatz Nr. 6, besichtigen. In diesem Museum ist auch sein Brokatleichentuch zu sehen. Er starb in Mailand und wurde in einer Ochsenhaut, zur Konservierung der Leiche, nach Wien übergeführt.

Rudolf war es auch, der den Kolomanstein links an diesem Tor angebracht hat. Sie werden diese alte Reliquie schwer finden, denn sie ist von der meist offenen Glastür verdeckt. In der Mauer dahinter befindet sich ein schwarzer Stein, der innen ausgehöhlt und gebleicht ist von den vielen Händen frommer Pilger, die sich durch die Berührung Heil erhofften. Heute fast unleserlich, lautet die Inschrift: »Dies ist der Stein, auf den das Blut des Heiligen Coloman floss, als man ihm die Schienbeine zersägte. Der erlauchte Herr Rudolf IV., Herzog von Österreich, hat ihn hierher gesetzt.«

Koloman war ein irischer Adeliger von königlichem Geblüt, der sein Land verließ, um eine Pilgerfahrt ins Heilige Land zu tun. Als er durch Österreich reiste, verdächtigte man ihn, ein Spion zu sein. Man nahm ihn gefangen und verurteilte ihn, weil er Schriften in einer hierzulande unbekannten Sprache mit sich trug. Er wurde grausamst gefoltert, wie man aus obiger Inschrift ersehen kann, und obwohl er durch Zeichen seine Unschuld bezeugen wollte, ergrimmte dies seine Peiniger noch mehr. Schließlich starb der Arme an den Folgen der Folterung. Kaum aber hatte man ihn begraben, begannen Wunder zu geschehen. Die herrlichsten Blüten sprossen aus seinem Grab, und als die Donau im folgenden Jahr aus ihren Ufern trat und die ganze Umgebung überschwemmte, blieb einzig und allein seine Grabstätte verschont.
Als Markgraf Heinrich von diesen wunderlichen Begebenheiten hörte, ließ er den Leichnam Kolomans exhumieren, um ihm ein würdiges Begräbnis zu geben. Man fand ihn unverwest, als wäre er soeben erst gestorben. Im Oktober 1014 wurde Koloman in das Kloster Melk übergeführt, wo sich heute noch sein Grab befindet.
Wir gehen in der Kirche im linken Seitenschiff vor bis zu der dritten Säule. Hier befindet sich ein wahres Wunderwerk: die Kanzel. Sie stammt von Meister Anton Pilgram und ist der Inbegriff der spätgotischen Skulptur. Die vier Kirchenväter Gregorius, Hieronymus, Augustinus und Ambrosius mit ihren unbeschreiblich ausdrucksvollen Gesichtern blicken auf uns herunter. Aber gehen wir zum Stiegenaufgang der Kanzel: auf dem Geländer befindet sich »allerhand Getier«, Kröten und Salamander. Oben steht ein kleiner struppiger Köter, Symbol der Wachsamkeit, der sie bellend zurückdrängt, vielleicht eine Anspielung auf die »domini canes« (Hunde Gottes), ein Spottname für den Predigerorden der Dominikaner. Auch hier variieren die Interpretationen. Eine besagt, dass dieses Gekreuch aus der Finsternis kommt, um das Wort Gottes zu stören; eine andere wieder behauptet, dass die Kröten zwar Geschöpfe der

Der Orgelfuß: Selbstporträt des Meisters Anton Pilgram

Hölle sind, die Eidechsen aber zum Licht streben – und tatsächlich findet hier zwischen ihnen ein Kampf statt, sie fressen einander auf.

Noch ein paar Worte bezüglich des kleinen Hundes: er – oder sein Zwillingsbruder – ist auch auf dem Keckmann-Grabstein in der Nähe des Maria-Pötsch-Altars zu sehen. Daraus schlossen die Kunsthistoriker, dass dieses Grabmal ebenfalls ein Werk Meister Pilgrams ist. Auch will man eine Ähnlichkeit in den Gesichtszügen des Pilgram-Selbstporträts – »dem Fenstergucker« – unter der Kanzel und dem heiligen Martin, dem Bischof, der am Epitaph die Messe zelebriert, erkennen können.

Ein paar Schritte weiter an der linken Wand ragt der großartige Orgelfuß hervor, der ebenfalls in einem Selbstporträt Meister Pilgrams mündet. Dieses Kunstwerk war ein gewagtes Experiment. Seine Kollegen spotteten oder warnten ihn: der zierliche, sich nach unten verjüngende Sockel könnte niemals das ganze Gewicht tragen. Pilgram soll im Zorn gesagt haben: »Wenn er das nicht kann, so will *ich* es tun!« So ruht der ganze Orgelfuß, wie es scheint, auf dem Rücken des Baumeisters, der sich darunter verewigt hat. Man kann auch noch sein »M A P 1513« (Meister Anton Pilgram 1513) entziffern.

Auch hier hat die nimmermüde Forschung Bedenken geäußert. Es scheint, dass sich Pilgram zu Unrecht als Urheber des Orgelfußes porträtierte, denn es war sein Vorgänger als Dombaumeister, Jörg Öchsl, der zumindest den Grundriss dieses Kunstwerkes ursprünglich entworfen hatte. Durch eine Intrige in der Dombauhütte wurde Öchsl abgesetzt und Pilgram erhielt dieses Amt zugesprochen. Er hat den Entwurf zwar verändert, aber die Urheberschaft ist dadurch umstritten.

Meist sind die Altäre im Chor des Doms nicht zugänglich und man kann sie nur mit einer Führung besichtigen. Wenn man so weit wie möglich an die Sperre vordringt, kann man aber den herrlichen Schnitzaltar am Ende des linken Seitenschiffes sehen. Es ist der Wiener Neustädter Altar. Kurz vor oder nach einer Messe jedoch kann man ganz nah an den Altar heran und man sollte sich die Gelegenheit nicht entgehen lassen, ihn näher zu betrachten. Rechts davon steht auch das Grabmal Rudolfs des Stifters. Leider ist es so hoch, dass man die prachtvollen Figuren Rudolfs und seiner Frau Katharina am Grabdeckel kaum sehen kann (siehe S. 24).

Ehe wir zurück zur »Dienstbotenmuttergottes« gehen, lohnt sich noch ein kleiner Abstecher in die Barbarakapelle. Sie befindet sich im linken, nördlichen Querschiff. Ein kahler, strenger Raum, lediglich ein Kruzifix ziert ihn. Unter den Füßen des Gekreuzigten ist ein kleines Dreieck in das Holz eingelassen. Es enthält eine Kapsel mit Asche aus

Auschwitz und Mauthausen und so ist auch die Kapelle dem Angedenken der in Konzentrationslagern Umgekommenen geweiht. Ein Raum der Besinnung, abseits des Trubels, der meist im Dom selbst herrscht. An der gegenüberliegenden Wand des Querschiffes steht ein Schmerzensmann. Es ist das wenig bekannte Original des außen am Dom stehenden »Zahnwehherrgottes«, über den noch zu berichten sein wird (siehe S. 31).

Nun gehen wir wieder zurück zum rechten Seitenschiff und stellen uns auch hier an die Sperre. Von hier kann man am Ende des Chores das berühmte Grab Friedrichs III. ausnehmen.

Dieser Sarkophag ist eine der Sehenswürdigkeiten des Domes. Der Kaiser hatte den berühmten flämischen Bildhauer Niklas Gerhaert van Leyden nach Österreich geholt, ihm dieses Grabmal zu errichten. Meister Gerhaert begann seine Arbeit im Jahre 1467, aber als Friedrich 1493 starb, war erst der Deckel der Tomba fertiggestellt. Der Kaiser wurde inzwischen in der Fürstengruft begraben und später, als das Grabmal 1513 endlich vollendet war, überführte man seinen Leichnam dorthin.

Da aber Friedrich in Linz gestorben war und sein Grab erst 20 Jahre später fertiggestellt wurde, gab es ein hartnäckiges Gerücht, das Grab sei in Wirklichkeit leer. Um dieses Gerücht zu entkräften, fand ab 12. März 1969 ein sehr seltsames wissenschaftliches Experiment statt. Historiker und Kunsthistoriker hatten Erlaubnis erhalten, einen von den Wappensteinen am Grabmal zu entfernen, und hier führte man eine Sonde ein, an deren Ende ein Reflektor angebracht war. Mit diesem Instrument drang man in die innere Grabkammer vor und im Reflektor konnte man ein Stück des rot-gold durchwirkten Stoffes sehen, der dem Kaiser als Leichentuch gedient hatte. Hier war nun endlich die Gewissheit. Friedrich ist schließlich doch in seinem eigenen Grab bestattet worden.

Wir gehen durch das Südtor wieder hinaus und am besten nochmals über den Platz zum Eingang des Churhauses, da wir von hier aus eine bessere Aussicht auf den Turm haben. Für den Stephansturm hat jeder Wiener eine gewisse Schwäche. Als man im Jahre 1954 den Turm auf zehn Jahre zu Restaurierungsarbeiten einrüsten musste, wurde verlautbart, dass am Vorabend, ehe das Gerüst aufgestellt wurde, »der alte Steffel«, wie man ihn hierzulande liebevoll nennt, noch einmal angestrahlt werde. Auch ich wollte ihn noch einmal in all seiner Pracht sehen. Zehn Jahre sind eine lange Zeit! Aber ich war überrascht, als ich am Stephansplatz, ja auch in allen Seitengassen, Tausende von Menschen vorfand, die alle gekommen waren, um vom »Steffel« bis auf weiteres Abschied zu nehmen. Mitten in der Menge stellte ich ergriffen fest, wie sehr die Wiener diesen alten Turm lieben.

Der Turm hat auch immer wieder Menschen gereizt, ihn zu besteigen. Einer von ihnen war jener Gärtnergehilfe Gabriel Satzberger, der im Jahr 1658 zu Ehren des kaiserlichen Einzuges in die Stadt den Turm bestieg. Er wollte den Herrscher von der Spitze mit schwingender Fahne begrüßen. Leider verspätete sich die Ankunft des Herrschers und es wurde dunkel. Da erkannte der Bursche, dass er nicht mehr herunterkonnte, und in der Menge bemerkte niemand seine Not. So musste er die Nacht auf dem Turm verbringen. Als die Sonne aufging und man ihm endlich zu Hilfe kam, war sein Haar in den wenigen Stunden schneeweiß geworden.

Sollten auch Sie Lust haben, den Turm zu besteigen, so wäre dies eher ratsam an der Innenseite über die Wendeltreppe, über die man zu jener Kammer kommt, wo einst die Feuerwache ihren Dienst versah. Damit den Wächtern nicht langweilig wurde, hatte man hier eine Kegelbahn eingerichtet. Einst war auch ein wilder Kerl unter ihnen, der behauptete, er könne immer »alle neun« treffen. Als er wieder einmal allein kegelte, stand plötzlich ein schmächtiges Männchen in Grau neben ihm. »Hör auf«, flüsterte es, »es ist schon spät. Hörst du? Da läutet die Glocke für einen armen Sterbenden!« Der Bursche aber beachtete ihn nicht und lud ihn sogar ein, mit ihm weiterzukegeln. Der Fremde sagte zu. Der Prahler ging, die Kegeln aufzustellen, aber während er dies tat, warf er einen aus dem Fenster. In diesem Augenblick verwandelte sich das schmächtige Männchen in ein riesiges Totengerippe, das ein Stundenglas in der Hand hielt. »Ich werde alle neun treffen, auch wenn es nur acht sind!«, schrie er und warf er eine gewaltige Kugel. Alle acht vorhandenen Kegel fielen um, aber mit ihnen auch der gottlose Kegler.

Wenn Sie nun weiter um die Kirche herumgehen, gelangen Sie zum »Zahnwehherrgott« (siehe S. 29). Der Name klingt sonderbar und ist auf folgende Sage zurückzuführen: Die Figur stand ursprünglich mitten im Friedhof. Dort schmückte man sie mit Blumen und Kränzen. So kam es, dass einmal ein altes Weiblein einen Kranz brachte und diesen auf das Haupt der Statue legte. Er rutschte ein wenig auf eine Seite und sah dadurch etwas komisch aus. Gegen Morgen kamen drei Handwerksburschen vorbei. Sie hatten die Nacht über gezecht und waren etwas beschwipst. Einer bemerkte den sonderbar bekränzten Christuskopf und brach in schallendes Gelächter aus: »Schaut doch«, rief er, »der Herrgott hat Zahnweh!« Und nun lachten alle drei, bis die Fenster der umliegenden Häuser aufgerissen wurden und man schimpfte, was denn das so früh am Morgen für ein Lärm sei.

Die drei Burschen begaben sich immer noch lachend nach Hause, aber kaum waren sie dort angekommen, als jeder von ihnen von grauenhaften Zahnschmerzen befallen wurde. Sie versuchten Linderung zu finden: Umschläge, Pulver, Salben – nichts half. Halb wahnsinnig vor Schmerz lief einer zum Barbier (es waren damals die Barbiere, die Zähne zogen). Der aber konnte nichts finden und hätte wohl alle Zähne reißen müssen. Selbst da wäre es nicht sicher gewesen, ob der Schmerz damit verbannt gewesen wäre. Da begriff der Jüngling, dass dies eine Strafe war. Sie hatten Gott gelästert. Es blieb nur eine Lösung. So schnell er konnte, lief er zum Friedhof und warf sich reuig vor der Statue auf die Knie. Sofort begann der Schmerz nachzulassen, und als

»Zahnwehherrgott«

er dankbar aufsah und um sich blickte, merkte er, dass seine Kameraden neben ihm knieten – offensichtlich aus demselben Grund. Nachdem sie versprochen hatten, nie wieder Gott zu lästern, legten sich die Zahnschmerzen und die drei schlichen beschämt, aber dankbar nach Hause.

Links neben der Statue befinden sich drei Passionsreliefs (Anfang 16. Jahrhundert). Wenn wir weiter um die Kirche gehen, ist bald der Nordturm oder Adlerturm zu sehen. Eigentlich ist es nur ein Teil eines Turmes. Ursprünglich war er als Gegenstück zum hohen Südturm gedacht; im Jahre 1511 wurde die Arbeit daran eingestellt und außer dem Renaissance-Helm, der ihn krönt, wurde sie nicht wieder aufgenommen. Natürlich war ein Ereignis wie dieses ein idealer Boden für eine Legende.

Hans Puchsbaum arbeitete unter dem Dombaumeister Hans Prachatitz und liebte dessen Tochter Maria. Prachatitz aber wollte von einer Heirat nichts wissen. Ja, wenn es Puchsbaum gelänge, den eben erst begonnenen Nordturm gleichzeitig mit seinem fast vollendeten Südturm fertigzustellen, dann könnte er Maria heiraten. Da dies aber unmöglich schien, verfiel Puchsbaum in Melancholie, da ihm jede Hoffnung schwand, seine Maria je heiraten zu können. Eines Tages, als er hoch oben am Gerüst des Turmes stand, gesellte sich ein Fremder zu ihm und fragte, warum er so bedrückt sei. Puchsbaum klagte dem Mann sein Leid. Dieser hörte aufmerksam zu, und nachdem sie einige Zeit gesprochen hatten, bot er dem jungen Mann seine Hilfe an: »Du musst mir versprechen, dass du, während du am Bau arbeitest, niemals den Namen Gottes oder einer seiner Heiligen aussprichst. Du wirst sehen, dein Turm wird gleichzeitig mit dem Südturm fertig sein.« Puchsbaum willigte nur zu gern in diesen Handel ein und der Turm wuchs von diesem Tag an mit unheimlicher Geschwindigkeit.

Als er kurz darauf am Bau arbeitete, sah Puchsbaum hinunter auf den Friedhof. Da ging soeben seine Liebste vorbei. Ohne zu denken rief er: »Maria!« Das war sein Verderben, denn es ist ja der Name der heiligen Jungfrau. Der Teufel – denn er war es natürlich gewesen, der Puchsbaum in Versuchung geführt hatte – erschien augenblicklich am Turm und stieß den jungen Mann hinab. Von seiner Leiche war keine Spur zu finden. Aber niemand wagte es danach, am Turm weiterzuarbeiten.

Tatsachen lassen sich natürlich mit Legenden nicht vereinen. Prachatitz vollendete den Südturm im Jahr 1433. Puchsbaum wurde erst 1446 im Alter von 56 Jahren zum Dombaumeister ernannt und der Nordturm wurde sodann nach seinen Plänen begonnen. Gestorben ist Puchsbaum 1454.

Begeben wir uns näher an die Kirche heran. Neben der vorstehenden Kanzel befindet sich ein ehemaliger Eingang in die Katakomben (obwohl man diese heute vom Inneren der Kirche betritt).

Von hier trug man Mozart am 6. Dezember 1791 zu Grabe. Heute sind viele Menschen schockiert über die Tatsache, dass man nicht weiß, wo er am St. Marxer Friedhof begraben liegt. War es das Wetter oder die Angst vor Ansteckung – denn die genaue Todesursache war nicht bekannt –, die seine wenigen Freunde davon abhielten, dem Sarg bis zum Grabe zu folgen? Der Film »Amadeus« bringt einem die grimmigen Umstände dieses Begräbnisses nur allzu klar zu Bewusstsein. Historisch kann es sich sehr wohl so abgespielt haben. Denn im Jahre 1784 erließ Kaiser Joseph II. ein Edikt, das alle aufwändigen und kostspieligen Begräbnisse verbot. Die Toten sollten lediglich mit Sackleinwand als Leichentuch in Särge gelegt werden, die an einem Ende zu öffnen waren. So wurden sie zu Massengräbern getragen. Der Leichnam wurde durch die sich öffnende Sargwand in die Grube gekippt und so konnte der Sarg mehrmals verwendet werden. Sicher eine höchst aufgeklärte Ansicht, aber eine, die unter dem Volk wenig Verständnis fand, und das Gesetz musste kurz darauf wieder rückgängig gemacht werden.

Dennoch wissen wir, dass die ärmeren Schichten noch viele Jahre danach solche Begräbnisse beanspruchten, und da Mozart einerseits fast mittellos starb, andererseits innerhalb von sieben Jahren nach dem kaiserlichen Edikt, ist es höchstwahrscheinlich, dass er eben ein solches Begräbnis erhielt.

Direkt unter dem Nordturm befindet sich das Adlertor. An

der linken Säule des Portals kann man einen sonderbaren eisernen Griff sehen. Er erinnert etwa an eine große Spule. Es ist der Asylring, auch Leo genannt, da es Leopold VI. war, der diesen Ort als Zufluchtsstätte für seine Untertanen bestimmte. In seiner Abwesenheit konnte sich jeder, der sich zu Unrecht verfolgt fühlte, hierher retten und das Asylrecht beanspruchen. Auch heute noch kann man hierzulande Kinder beim Fangerlspiel einen Ort bestimmen hören, der als Zuflucht gilt und immer noch »Leo« heißt.
Und als letzte Besonderheit des Stephansdomes will ich Sie auf eine kleine Nische in der Mauer, westlich vom Bischofstor aufmerksam machen. Sie ist schwer zu sehen, etwas unterhalb links von einem Schmerzensmann und mit einem Gitter versehen. Dahinter sollen einst drei Steine gewesen sein, Reste römischer Kultbilder. Sie wurden »Tatermandeln« genannt (von »Tataren«, die damals als der Inbegriff der Heiden galten). Die Wiener, die ja hinsichtlich Namengebung oft viel Fantasie entwickeln, nannten sie »Luziferl, Spirifankerl und Springinkerl«. Man vermutete, sie seinen boshafte Geister, die gefangen und hier in diesen Käfig gesperrt worden waren. Nun war man vor ihnen sicher – oder man glaubte es zumindest.
Heute ist die Nische leer, also müssen diese Bösewichte aus ihrem Kerker entwischt sein und treiben wieder ihr Unwesen in Wien. Zweifellos sind sie es, die daran schuld sind, sollte Ihnen während Ihres Aufenthaltes in dieser Stadt etwas zustoßen.

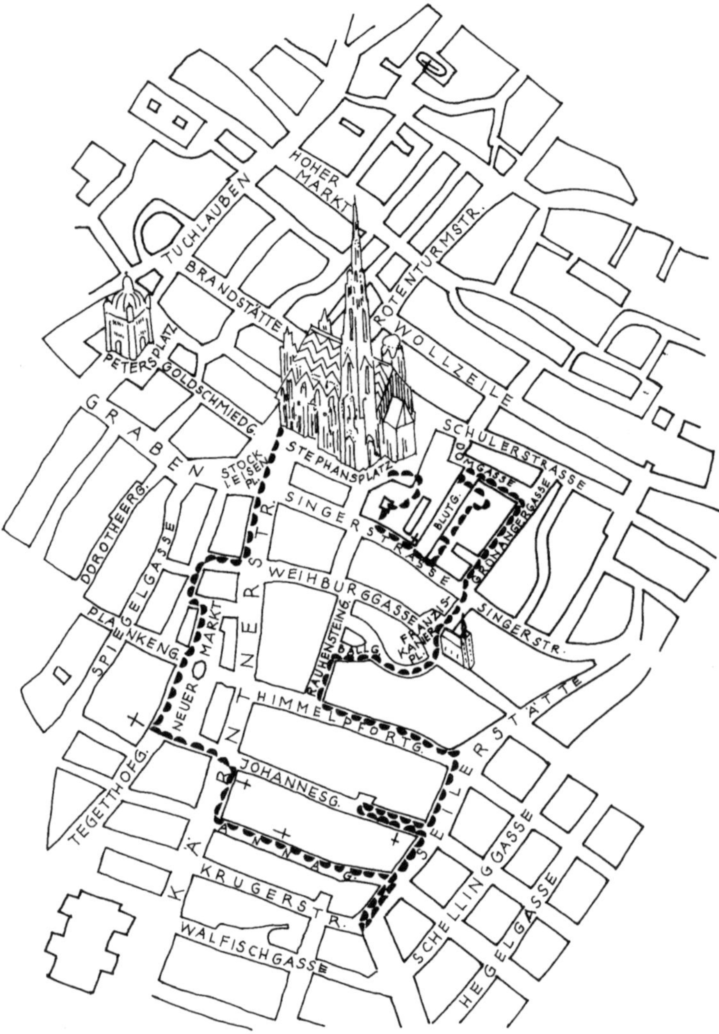

HOHER MARKT
TUCHLAUBEN
BRANDSTÄTTE
ROTENTURMSTR.
WOLLZEILE
PETERSPLATZ
GOLDSCHMIEDG.
GRABEN
STOCK I. EISEN PL.
STEPHANSPLATZ
SCHULERSTRASSE
DOMGASSE
BLUTG.
GRÜNANGERGASSE
SINGERSTRASSE
DOROTHEERG.
SPIEGELGASSE
KÄRNTNERSTR.
WEIHBURGGASSE
FRANZISKANER PL.
SINGERSTR.
PLANKENG.
NEUER MARKT
RAUHENSTEING.
BALLG.
HIMMELPFORTG.
SEILERSTÄTTE
TEGETTHOFG.
JOHANNESG.
ANNAG.
SCHELLINGGASSE
HEGELGASSE
KRUGERSTR.
WALFISCHGASSE

ZWEITE TOUR

Das Deutsche Haus
Singerstraße
Blutgasse
Domgasse
Grünangergasse
Franziskanerplatz
Ballgasse
Rauhensteingasse
Himmelpfortgasse
Seilerstätte (1)
Johannesgasse
Seilerstätte (2)
Annagasse
Kärntner Straße
Neuer Markt
Kärntner Durchgang

Das Deutsche Haus

Hinter dem Stephansdom, fast gegenüber dem Zahnwehherrgott, befindet sich das »Deutsche Haus«. Der Name ist auf den »Deutschen« Orden zurückzuführen, eine Bruderschaft zur Pflege kranker Pilger und auch Krieger während der Kreuzzüge ins Heilige Land. Im Jahr 1205 erhielt der Orden diese Gebäude, die ursprünglich nicht nur dazu dienten, die Ritter zu beherbergen, sondern auch Scheunen, Wirtschaftsräume und Stallungen sowie die daneben gelegene Kapelle einschlossen.

Aber wir stehen noch am Stephansplatz. Wenn wir dem Dom den Rücken kehren, sehen wir im rechten Eck eine kleine Tür, Stephansplatz Nr. 4, und hier wollen wir eintreten. (Manchmal ist diese Tür versperrt; sollte dies der Fall sein, so kann man die dahinter liegenden Höfe durch die beiden Tore, Singerstraße Nr. 7, betreten). Im ersten dieser Höfe kann man durch einen Torbogen in einen zweiten, kleineren Hof gelangen. Im Durchgang selbst sind links und rechts Tafeln mit den Namen vieler berühmter Musiker angebracht. Es sind entweder die Ehrenmitglieder der Mozartgemeinde oder Träger der Mozart-Medaille, denn dieses Haus ist mit dem berühmten Komponisten eng verbunden. Hier wohnte er, während er im Dienste des Salzburger Erzbischofs Graf Colloredo stand, vom 16. März bis 2. Mai 1781. Mozart war hier nicht sehr glücklich. Der Erzbischof hat den damals fünfundzwanzigjährigen, aber bereits sehr berühmten jungen Musiker nicht gerade freundlich behandelt. Für ihn war er ein Bediensteter wie jeder andere und nach einer hitzigen Auseinandersetzung quittierte Mozart seinen Dienst. Er hat in einem Brief an seinen Vater diesen Wortwechsel drastisch geschildert:

»... kein Mensch bediene ihn so schlecht, er rate mir, heute noch wegzugehen, sonst schreibt er nach Hause, dass die Besoldung eingezogen wird. Man konnte nicht zur Rede kommen, das ging fort wie Feuer. Ich hörte alles gelassen an, er lügt mir ins Gesicht, ich hätte 500 Gulden Besol-

Hof im Deutschen Haus

dung, hieß mich einen Lumpen, Lausbuben, Fex – oh ich möchten Ihnen nicht alles schreiben. Endlich, da mein Geblüt zu stark in Wallung gebracht wurde, so sage ich: ›Sind also Euer Hochfürstliche Gnaden nicht zufrieden mit mir?‹ – ›Was, er will mir drohen, er Fex, oh er Fex. Dort ist die Thür, schau er, ich will mit einem solchen elenden Buben nichts mehr zu thun haben.‹ – Endlich sagte ich: ›Und ich mit Ihnen auch nichts mehr.‹ – ›Also geh er‹, und ich im Weggehen: ›Es soll auch dabei bleiben, morgen werden Sie es schriftlich bekommen.‹«
Und so ist, angeblich noch mit einem Fußtritt vom Kammerherrn des Erzbischofs beschleunigt, Mozart von seinem Dienstgeber geschieden.

Der bezaubernde kleine Hof enthält eine hübsche heilige Katharina. Durch die Fenster links sieht man in die Sala Terrena, deren Wandmalerei unter jenem Fürsterzbischof Colloredo ausgeführt wurde, der Mozart so unsanft entlassen hat. Hier finden oft Konzerte statt.
Ehe wir den Hof verlassen, werfen wir noch einen kurzen Blick hinauf: über dem Dach ragt der Stephansturm – man hat hier in dem Gewirr der Höfe ganz vergessen, wie nah man ihm ist.
Eine Glastür führt in einen Vorraum. Links an der Wand kann man auf einer Tafel von Mozarts kurzem Aufenthalt in diesem Haus lesen. Daneben erreicht man über eine breite Stiege die Schatzkammer des Deutschen Ordens, die – falls man Zeit erübrigen kann – sehenswert ist. Der Orden war keineswegs arm, denn die Mitglieder mussten bei ihrem Eintritt lebenslange Armut, Keuschheit und Gehorsam loben. Da die meisten von ihnen aus dem Adel stammten und ihre weltlichen Güter dem Orden vermachten, wurde dieser im Laufe der Zeit äußerst wohlhabend.
Links vom großen Tor, das zur Straße führt, kommt man in die Kapelle. Wie schön sind die gotischen Gewölbe und die Wände mit den Wappen der Ritter aus vergangenen Tagen! Ein holzgeschnitzter Altar aus Mecheln erinnert, dass auch diese ferne Stadt einst Teil des Habsburgerreiches war. Einige prunkvolle Grabsteine schmücken den Raum, was sich nicht so ganz mit der angeblichen Armut der Ritter vereinbaren lässt.
In der Fronleichnamsprozession müssen diese Ritter des Deutschen Ordens sehr eindrucksvoll ausgesehen haben: weiße Uniform mit schwarzen Stiefeln, weißer Mantel mit dem schwarzen Kreuz, den federgeschmückten Hut in der Hand.
Aber verlassen wir die Ritter und gehen wir durch das große Tor hinaus in die Singerstraße.

Singerstraße

Dies ist eine der ältesten Straßen Wiens. Sie wird schon 1314 als Sunigerstraße erwähnt, denn hier hatten sich die Weber und Färber aus der kleinen Stadt Sünching bei Regensburg angesiedelt. Ab 1550 hieß sie dann Singerstraße.

Von der Deutschordenskirche kommend erreichen wir bald die Ecke zur Blutgasse. Hiermit sind schaurige Erinnerungen verbunden: In den Tagen Rudolfs von Habsburg haben hier zwei Adelige, Graf Leiningen und Ritter Kranich, den Wiener Bürgern, die für ihre pro-ottokarische Einstellung bekannt waren, aufgelauert. Sie überfielen die Ahnungslosen auf ihrem Heimweg, brachten sie um und ließen die Leichen – mit den abgeschnittenen Köpfen auf der Brust – Ecke Blutgasse liegen. So fand man sie am nächsten Morgen. Angeblich ist auch Rudolf selbst vorbeigekommen und hörte zufällig, wie Leiningen Kranich zuflüsterte: »Du hast dich geirrt. Du hast den falschen Kopf auf den falschen Körper gesetzt.« Dadurch wusste er, dass sie die Mörder waren. Da sie aber allem Anschein nach in seinem Interesse gehandelt hatten, war die Bestrafung nicht allzu hart.

Gegenüber, auf Nr. 16, liegt das prächtig renovierte Palais Neupauer-Breuner, einer der üppigen Barockbauten, die der Innenstadt ihren Glanz verleihen. Rechts im Eingang gibt es eine Ausstellung von Jugendstillampen nach Entwürfen von Künstlern wie Josef Hoffmann und Kolo Moser.

Die beiden charmanten Bürgerhäuser vis-à-vis (Nr. 9 und 11), Beispiel einer geglückten Renovierung, stellen einen reizvollen Kontrast dar. Wir treten in das Haus Nr. 11 ein und befinden uns alsbald mitten im so genannten Blutgassenviertel.

Blutgasse

Was für ein schrecklicher Name und einer, der immer noch nicht eindeutig geklärt ist. Zwischen 1369 und 1411 erscheint diese Gasse unter dem Namen Khotgässl, was über den damaligen Zustand keine Zweifel lässt. Erst 1542 erhielt sie den heute gebräuchlichen Namen. Das Blut, das hier geflossen sein soll, war das der Tempelritter. Als ihr Orden 1312 aufgelöst wurde, soll man sie in ihrem Hauptquartier, dem Fähnrichshof, der angrenzend an die Blutgasse liegt, ermordet haben. Es starben so viele, dass ein Strom von Blut durch die Gasse floss.
Heute ist man eher geneigt, eine andere Erklärung für den Namen gelten zu lassen. Er soll auf das germanische Wort »bluot«, eine Opfergabe, zurückzuführen sein und dies hat wieder die Historiker vermuten lassen, dass sich hier einst eine heidnische Kultstätte befunden hat.
Der ganze Gebäudekomplex ist ein Beispiel für geglückte Renovierungsversuche. Nach dem Zweiten Weltkrieg schien es, als ob die Häuser in der Blutgasse niedergerissen werden müssten. Sie waren in einem äußerst bedenklichen Zustand, und weder die Eigentümer noch das Denkmalamt waren in der Lage, die nötigen Renovierungsarbeiten vornehmen zu lassen. Es war die Gemeinde Wien, die eine Lösung vorschlug: man wandte sich an Interessenten, die sich bereit erklären mussten, alle nötigen Sanierungen innerhalb der Wohnungen zu finanzieren, während die Gemeinde die Renovierung der Fassaden übernahm. Opernsänger, Schauspieler, Ärzte und Rechtsanwälte sind diesem Angebot nachgekommen und haben somit geholfen, den Fähnrichshof (16. Jahrhundert) in seiner alten Pracht wiederherzustellen. Innen sind die Wohnungen modernst ausgestattet, während die Höfe einen Eindruck dessen vermitteln, wie Wien einmal ausgesehen haben muss.
Der Name des Hofes bezieht sich auf die Bürgermiliz, die sich hier in unruhigen Zeiten um den Fähnrich zu sammeln hatte. Noch früher gehörte der Hof zum nahe liegen-

Die Platane im Fähnrichshof

den St.-Niklas-Kloster, von dem nur noch der Name einer Sackgasse geblieben ist.
Im Hof wenden wir uns zuerst nach links, wo ein schmaler Gang in den Lichthof des Hauses Blutgasse 9 führt. Hier blickt man hinauf in vier Stockwerke von Balkonen. Es ist dies ein typisches Pawlatschenhaus. Das Wort »pavlac« kommt aus dem Tschechischen und bedeutet schmale, en-

ge, offene Gänge, die die einzelnen Wohnungen verbinden. Stufen, die zu drei Stockwerken von Kellern hinunterführen, kann man auch noch sehen. Ein moderner Aufzug ist diskret im Eck versteckt.

Nun begeben wir uns wieder hinaus in den Fähnrichshof.

Heute ist dieser Platz von einer prächtigen Platane überschattet. In ihrer Jugend muss man sich wohl um ihr Überleben Sorgen gemacht haben, denn sie war schützend von einem eisernen Zaun umgeben. Der Baum breitete sich jedoch aus und sprengte seine Fesseln.

Die längste Zeit konnte man noch zwei rostige Reste des Zaunes sehen, die aus dem mächtigen Stamm herausragten. Irgendein Souvenirjäger hat sie nun aber doch entwendet und heute ist nur der matte Abdruck einer Spitze sichtbar. Jetzt steht er kräftig und gesund da, als habe ihn diese Wunde in seinem Wachstum kaum beeinträchtigen können.

Im rechten Eck des Hofes befindet sich eine Stiege, die uns hinunter in einen weiteren Hof führt. Wir halten uns links und steigen weitere Treppen wieder hinauf. Diese führen in einen dritten und schließlich in einen vierten Hof, die beiden letzteren gehören zu Blutgasse Nr. 3.

Zweifellos ist dies eines der schönsten Pawlatschenhäuser der Stadt, besonders malerisch im Sommer, da es mit Efeu überwachsen ist.

Der gesamte Komplex kann sich rühmen, die erste Fußgängerzone Wiens gewesen zu sein.

Wir gehen hinaus in die Blutgasse und biegen nach rechts, bis wir ein paar Schritte weiter die Domgasse erreichen.

Domgasse

Diesen Gassennamen muss man wohl kaum erklären, da wir uns hier direkt hinter dem Dom befinden.

Haus Nr. 5 liegt gegenüber der Blutgasse und ist das berühmte Figarohaus, wo Mozart mit seiner Familie von 1784 bis 1787 den ersten Stock bewohnt hat. Leider war ihm der Zins zu hoch und er musste nach nur drei Jahren in ein billigeres Quartier auf der Landstraße ziehen. Wie der Name des Hauses andeutet, hat Mozart hier – unter vielen anderen Werken – »Die Hochzeit des Figaro« geschrieben. Hier hat ihn sein Freund und Lehrer Joseph Haydn oft besucht. Auch Beethoven, der eigens nach Wien kam, um bei Mozart Stunden zu nehmen, war in diesem Hause zu Gast. Mozart soll einmal zu Freunden gesagt haben: »Auf den gebt Acht, der wird einmal in der Welt von sich reden machen!«

Rechts nebenan ist der ehemalige Gasthof »Zum König von Ungarn«, heute ein Hotel und Restaurant, dessen Eingang in der Schulerstraße liegt.

Gegenüber, auf Nr. 6, steht der Kleine Bischofshof, einst auch unter dem Namen »Zum Roten Kreuz« bekannt. Besitzer war jener Georg Kolschitzky, der angeblich das erste Wiener Kaffeehaus gegründet hat.

Im Jahre 1683, während der zweiten Türkenbelagerung, bewarb sich dieser Kolschitzky darum, in das feindliche Lager als Kundschafter gesandt zu werden. Er sollte ausfindig machen, ob der Polenkönig Sobieski und Herzog Karl von Lothringen mit ihren Armeen bereits gesichtet worden waren, denn die Wiener konnten nicht mehr lange ausharren. Kolschitzky war ausgesucht worden, weil er vor dem Krieg als Kaufmann viel in der Türkei gereist war und die Sprache konnte.

Im Feindeslager erfuhr er tatsächlich, dass eine Armee im Anmarsch sein, und es gelang ihm, diese Kunde auch den verzweifelten Wienern mitzuteilen. Als Sobieski und Karl von Lothringen endlich mit dem Entsatzheer erschienen, schlugen sie die Türken in die Flucht. Diese verließen ihr Lager derart überstürzt, dass sie sowohl Zelte als auch Waffen und alle sonstigen Vorräte zurückließen.

Kolschitzky wurde als Held gefeiert, erhielt den Kleinen Bischofshof und der Kaiser selbst soll ihn gefragt haben,

was er sich als Lohn wünsche. Der ehemalige Kaufmann – so geht die Sage – war nicht um eine Antwort verlegen. Er wünschte sich die vielen Säcke jener sonderbaren grünen Bohnen, die man im türkischen Lager gefunden hatte. Niemand wusste, wozu sie dienten. Man erfüllte bereitwillig seinen Wunsch.
Kolschitzky wusste jedoch nur allzu gut, was man mit diesen Bohnen anfangen konnte. Man musste sie rösten, zerkleinern und dann in Wasser kochen. Dieses Gebräu – das er ursprünglich ohne Milch und Zucker servierte – verkaufte er in dem kleinen Laden, den er in seinem Haus eröffnete, und es erfreute sich, als Kaffee bekannt geworden, allgemeiner Beliebtheit. Bald erwies sich der Laden in der Domgasse als zu klein. Kolschitzky übersiedelte in ein größeres Lokal und nannte es »Zur blauen Flasche«. Er wurde sehr wohlhabend und es dauerte nicht lange, ehe weitere Kaffeehäuser in der ganzen Stadt auftauchten. Wien ist seit dieser Zeit für seine Kaffeehäuser berühmt.
Wie man inzwischen jedoch weiß, war es der Armenier Johann Diodate, der als Erster das »orientalische« Getränk in Wien verkaufen durfte.

Grünangergasse

Aus der Domgasse biegen wir rechts in die Grünangergasse ein. Der Grüne Anger war einst Weideland und es hat wohl hier Ziegen, Gänse und Hühner gegeben.
Das erste Gebäude zu unserer Rechten ist das prachtvolle Palais Fürstenberg mit den reizenden Windhunden über dem Portal. Es muss ein menschenfreundlicher Ahnherr gewesen sein, der hier in der Eingangshalle einen so schönen Kamin bauen ließ, vermutlich um die Bediensteten nicht in der Kälte warten zu lassen. Da hier heute Büros untergebracht sind, kann man nur wochentags hinein, aber man sollte sich die Gelegenheit nicht entgehen lassen. Es

sind nicht nur der Kamin, sondern auch die Stuckdecke und das Stiegenhaus sehenswert.
Aus dem Palais Fürstenberg kommend wäre es günstiger, die Straße zu überqueren, um das Haus Nr. 8 besser betrachten zu können. Jahrhunderte hindurch war es im Besitz von Bäckern. Auch heute heißt es noch das »Brotbäckenhaus«. Ein hübsches Relief über dem Tor zeigt die vielen Gebäcke der Vergangenheit und man kann sie, mit einer einzigen Ausnahme, noch heute bei fast jedem Wiener Bäcker finden. Angeblich ist hier das Kipferl geboren worden; es soll zur Verspottung der Türken und ihres Halbmondes nach der Belagerung von Wien im Jahre 1683 erfunden worden sein. Das ist eher zweifelhaft, denn von einem »Kipf« ist schon viel früher die Rede gewesen. Im 13. Jahrhundert hatten die Bäcker dem Landesfürsten zu Weihnachten ein solches Backwerk als Geschenk überreicht.
Im Relief kann man folgendes Gebäck sehen (von links nach rechts und von oben nach unten): ein Bosniakerl, ein Schusterlaberl, ein Kipfel, ein Brezel, ein Beugl (meist mit Nuss oder Mohn gefüllt) und ein Girafferl.
Das heutige Restaurant auf Nr. 10 ist ein Nachfolger des berühmten italienischen »All' Ancora Verde«. Der erste Besitzer muss angenommen haben, dass der Gassenname etwas mit einem grünen Anker anstatt mit einem grünen Anger zu tun hatte. 200 Jahre gab es diesen »Grünen Anker« und er konnte auf viele illustre Gäste zurückblicken, wie etwa Schubert, Brahms, Klimt und Schiele, um nur einige zu nennen.

Franziskanerplatz

Das ist einer der jüngsten Plätze der Innenstadt, er entstand erst 1624. Früher befand sich hier ein Haus. Als sich die Franziskaner, der älteste Bettelorden, im ehemaligen

Hieronymuskloster niederließen, wurde ihre Kirche unter den adeligen Familien so beliebt, dass sich der Pater Guardian 1621 mit der Bitte an den Kaiser wandte, das bereits baufällige Haus abreißen zu lassen, da die Kirchgänger keine Plätze für ihre Kutschen finden konnten – wie man sieht, gab es schon damals Parkplatzprobleme!
Heute ziert der Mosesbrunnen die Mitte des Platzes und man hat ihn mit Steinkugeln umgeben, um etwaige Autofahrer fern zu halten.
Obwohl er noch so »jung« ist, macht dieser Platz dennoch einen ehrwürdigen Eindruck, da der Großteil der ihn umgebenden Häuser vor 1650 entstanden ist. Daher besteht auch eine gewisse Einheitlichkeit der Gebäude.
Wir wollen zuerst in die Kirche gehen. Über dem Hochaltar steht eine Marienstatue: Maria mit der Axt. Sie ist aus Lindenholz geschnitzt und in der linken Schulter sieht man das Beil stecken. Diese Statue soll aus einem Kloster in Böhmen stammen. Das Kloster wurde verkauft und es ließ sich dort Graf Sternberg nieder. Die Statue blieb jedoch in der Kapelle. Die Erben des Grafen wurden Protestanten und einer von ihnen wollte die Statue verbrennen lassen. Zum größten Erstaunen der Menge sprang die Statue aus den Flammen und am nächsten Tag war sie völlig unbeschadet wieder an ihrem Platz in der Kapelle. Jetzt befahl der Graf dem Dorfhenker, er möge die Statue zerstückeln. Doch auch dies wollte nicht gelingen, denn die Axt steckte fest in der Schulter und ließ sich nicht entfernen. Daraufhin hat man es offensichtlich aufgegeben, denn das Nächste, was wir von der Statue hören, ist, dass sie unter dem Sohn des Grafen, der wieder katholisch geworden war, ihren alten Platz in der Kapelle erhielt. Später gelangte sie in den Besitz der Franziskaner, wo diese wunderwirkende Marienstatue seit 1607 verehrt wird.
In zwei Seitenkapellen, eine links und eine rechts, befinden sich Glassärge, in denen Reliquien zweier Märtyrer ruhen. Es sind die heilige Hilaria und der heilige Felix, der Knabe – wie es in der Inschrift heißt. Sie wurden etwa 1720 nach

Wien gebracht. Hilaria ist eine Wachsfigur, die die Reliquien der Heiligen umschließt, während Felix nur ein Skelett ist, das die Uniform eines römischen Zenturions trägt. Rechts sieht man eine etwas ungewöhnliche Darstellung des heiligen Johann Nepomuk. Er schwimmt auf den Wassern der Moldau.

Dieser Heilige wird in Österreich als Brückenheiliger verehrt, da ihn König Wenzel von einer Prager Brücke in die Moldau werfen ließ. Die Legende behauptet, Nepomuk wäre der Beichtvater der Königin gewesen und Wenzel wollte, dass er ihm den Inhalt der Beichte mitteilen sollte. Nepomuk blieb hart und verweigerte die Preisgabe des Beichtgeheimnisses. Heute heißt es, er wäre nie der Beichtvater der Königin gewesen, aber es gab einen Streit zwischen ihm und Wenzel über kirchliche Angelegenheiten. Wenzel, ein notorischer Säufer, war auch für seine Wutausbrüche bekannt und in einem solchen ließ er Nepomuk foltern und schließlich in den Fluss werfen.

Wir verlassen die Kirche und begeben uns in das Kloster daneben. Im 14. Jahrhundert war es ein Nonnenkloster für Büßerinnen, die ein sündiges Leben geführt hatten. Hierher konnten sie sich zurückziehen. Anfänglich mussten sie keinerlei Gelübde ablegen. Sie konnten jeder ehrbaren Beschäftigung nachgehen und sogar heiraten. Da der Herrscher selbst ihnen eine Mitgift gab, waren sie als Ehegattinnen sehr gefragt.

Später mussten alle Frauen des Ordens Gehorsam geloben, hingegen einige von ihnen, wie etwa die Äbtissin und die Schwestern, die den Schlafsälen vorstanden, auch lebenslange Armut und Keuschheit. Sie nannten sich Magdalenerinnen. Mehr als 200 Jahre florierte das Kloster und wurde tatkräftig von den Wiener Bürgern unterstützt. Aber sowohl die Reformation als auch ein Feuer im Jahr 1525 waren der Anfang vom Ende des Klosters. 1543 waren nur noch acht Frauen und die Mutter Oberin im Kloster und ihr Lebenswandel hatte sich sehr zum Nachteil entwickelt. Die Mutter Oberin, eine gewisse Juliane Kleeberger, hatte sogar ein Verhältnis mit dem Ordenspriester Laubinger. Es wurden Klagen laut und da entschloss sich das Paar zu heiraten. Diese Hochzeit vollzog der Geistliche selbst. Jedoch war ihr eheliches Leben nicht gerade glücklich, denn Laubinger war ein eifersüchtiger Gatte und beschuldigte die noch verbliebenen Nonnen, seiner »Frau« bei ihren Seitensprüngen Hilfe zu leisten, und exkommunizierte sie alle in einem Wutanfall.

Da das Pärchen inzwischen das gesamte Klostervermögen verbraucht hatte, musste es ins Gefängnis. Aber ihre Romanze hatte das »goldene« Wienerherz gerührt und man ließ sie auf Grund von Interventionen wieder frei. Daraufhin verschwand Laubinger auf Nimmerwiedersehen, während Juliane brav ins Kloster zurückkehrte, wo sie 1553 starb. Im so genannten »Tummelplatz« vor der Sakristei kann man noch heute ihren Grabstein sehen. Die Inschrift verschweigt ihr etwas lockeres Leben und nennt sie lediglich die »ehrwürdige« Mutter Oberin.

Der Orden erholte sich nie ganz von diesen Wirrnissen und 1589 wurde das Kloster den Franziskanern übergeben. Diese ließen es umbauen und die Kirche, die durch einen Brand arg beschädigt worden war, wurde wieder aufgebaut. 1607 konnte hier die erste Messe gelesen werden.

Die Franziskaner hüten einen ganz besonderen Schatz: die Wöckerlorgel. Ich hatte gelesen, dass es sich um eine Orgel von Johann Wöckerl aus dem Jahr 1642 handelt. In der Kirche gibt es zwar eine Orgel, aber sie ist keinesfalls identisch mit der dort beschriebenen. So ging ich auf die Suche.

Neben der Kirche ist der Eingang zum Kreuzgang und ich erschrak, als ich ihn betrat, denn rechts an der Wand grinste mir ein Totenkopf entgegen. Bei näherer Betrachtung stellte sich heraus, dass es ein marmornes Weihwasserbecken in Form eines Totenkopfes war. Leider ist dieses Memento mori inzwischen verschwunden und durch ein nichtssagendes Becken ersetzt worden; dieses löst weder Furcht noch Frömmigkeit aus. Man kann jedoch noch da-

Wöckerl-Orgel im Franziskanerkloster

runter die Worte »Heute an mir – morgen an dir« entziffern, die sich natürlich auf den ehemals hier befindlichen Totenkopf beziehen, zur Erinnerung an unsere Sterblichkeit.

An der Pforte sagte man mir, dass sich die Wöckerlorgel im so genannten Mönchs- oder Betchor befindet und dass man sie auf Wunsch auch sehen kann, wenn nicht gerade ein Gottesdienst in der Kirche stattfindet oder die Brüder ihre Mittagspause (zwischen 12 und 14.30 Uhr) halten.
Um zu diesem Mönchschor zu gelangen, muss man zu der Tür zur Sakristei, im rechten Eck des Kreuzganges, vorgehen. Zuerst kommt man durch diese Tür in den ehemaligen »Tummelplatz« – auch hier gibt es Interessantes zu sehen. Vor uns steht ein dreiteiliger, reich geschnitzter Beichtstuhl aus dem 18. Jahrhundert und daneben ist der Grabstein der Juliane Kleebergerin, wie sie hier genannt wird.
Nun muss der Pförtner aber die Tür zum Mönchschor aufsperren. Denn dieses »Allerheiligste« ist wohlweislich verschlossen. Hier steht man hinter dem Hauptaltar der Kirche und sieht sich mit der prächtigen Orgel konfrontiert. Sie ist aus dunklem Holz, reich verziert, mit einem eher kleinen Manual. Die Pfeifen werden von Flügeln flankiert wie bei den gotischen Flügelaltären und diese Königin der Instrumente wird von einem Harfe spielenden David und zwei musizierenden Engeln gekrönt.
Außer der Orgel gibt es aber noch einiges zu sehen, etwa das alte Lesepult mit dem ausgestreckten Arm, der die Laterne hält, um dem Vorleser Licht zu spenden. Und links und rechts sind wunderschöne Epitaphien aus den Jahren 1590 und 1595.
Verlassen wir nun diese klösterliche Umgebung und begeben wir uns wieder hinaus in die Welt. Wir überqueren die Weihburggasse zu dem Durchgang, der zur Ballgasse führt. Ehe wir jedoch hinausgehen, sehen Sie sich kurz das Haus zur Linken an. Es hat zwei wunderschöne, schmiedeeiserne Balkone aus dem 18. Jahrhundert.

Ballgasse

Der Gassenname kommt von dem Ballhaus, das einst hier stand. Das Ballspiel, auf das sich der Name bezieht, war eine Art von Federball, das Ferdinand I. aus Spanien nach Österreich brachte.
Wir betreten vom Franziskanerplatz durch einen langen tunnelähnlichen Torbogen ein enges Gässchen, das sich zwischen alten Häusern dahinwindet. So müssen wohl die alten Wiener Straßen ausgesehen haben.
Auf Nr. 8 stand das ehemalige Ballhaus. Als das Ballspiel aus der Mode kam, wurde das Haus an italienische Schauspieltruppen vermietet und im Jahr 1772 wurde daraus »Der Bürgerlichen Tischler Herberg«, wie es heute noch über dem Tor zu lesen ist. Damals waren zwar die Gesellen nicht mehr gezwungen, bei der Familie des Meisters zu wohnen, jedoch mussten sie sich in gewissen, von der Innung vorgeschriebenen Herbergen einquartieren. Dies gab viel Anlass zu Unmut und war einer der Gründe für die Schusterrevolte im Jahr 1721 gewesen (siehe S. 186).
Gegenüber führt ein weiteres Gässchen nach rechts. Es ist die Blumenstockgasse, benannt nach einem äußerst beliebten Bierhaus, das »Zum alten Blumenstock« hieß (Ballgasse 6). In diesem Lokal wurde 1818 die »Ludlamshöhle« gegründet, die ein Club der Künstler und Schriftsteller war. Das Bierhaus – wie auch die Ludlamshöhle – genossen solche Popularität, dass man übersiedeln musste. Das Gasthaus gründete eine Niederlassung vis-à-vis, die sich »Zum neuen Blumentopf« nannte. Auch heute befindet sich hier noch eine Gaststätte, nur wird hier nicht mehr Bier, sondern Wein ausgeschenkt.
Wir bleiben aber in der Ballgasse, die in Kürze in die Rauhensteingasse mündet.

Rauhensteingasse

Der »rauhe Stein«, von dem hier die Rede ist, hängt sicher mit dem »Rauhenhaus« zusammen, ein Gefängnis, das sich hier im 15. Jahrhundert, wo heute Nr. 10 steht, befunden hat. Dass es hier einigermaßen rau zuging, ist wahrscheinlich. Wir wissen von einer armen Frau, die beschuldigt worden war, eine Hexe zu sein. Aus Angst vor den bevorstehenden Folterungen wie auch vor dem ihr beschiedenen Ende stürzte sie sich in den Brunnen im Hof des Hauses.

Auf Nr. 8 stand ehemals das Haus, in dem Mozart im Jahr 1791 starb. Heute ist es Teil eines großen Warenhauses. Im Zusammenhang mit Mozarts Tod erzählt man sich folgende Geschichte:

Als der Komponist bereits von der Krankheit befallen war, die zu seinem frühen Tod führen sollte, erschien ein Herr in Grau bei ihm. Der Besucher beauftragte Mozart, ein Requiem für ihn zu komponieren. Die Angelegenheit sollte jedoch geheim bleiben und Mozart musste versprechen, nie nach dem Namen seines Auftraggebers zu fragen. Ein Vorschuss wurde bezahlt und der Herr verabschiedete sich.

Mozart war damals sehr intensiv mit der »Zauberflöte« beschäftigt und verschob die Arbeit an dem Requiem von einem Tag auf den anderen. Da erschien plötzlich wieder der Herr in Grau und urgierte die Lieferung des versprochenen Werkes. So begann Mozart an dieser – seiner letzten – Komposition zu arbeiten. Am Nachmittag vor seinem Tod brach Mozart in Tränen aus, als es ihm klar wurde, dass er dieses Werk nie beenden würde. Noch in den letzten Stunden diktierte er seinem Schüler Süßmayr einige der noch fehlenden Teile der Messe. »Ich wusste es ja«, soll er gesagt haben, »dass es mein eigenes Requiem sein wird!«

Der Herr in Grau entpuppte sich später als Graf Franz von Walsegg. Er benötigte das Requiem für seine verstorbene Gattin. Er war dafür bekannt, dass er berühmte Musiker bat, für ihn zu komponieren, und diese Werke bei deren

Aufführungen in seinem Schloss in der Steiermark als seine eigenen ausgab.

Himmelpfortgasse

In der Rauhensteingasse wenden wir uns nach links und kommen kurz darauf in die Himmelpfortgasse. Diese war nach dem gleichnamigen Kloster benannt, das hier zwischen den Häusern 7 und 11 stand.

Viele Jahre hindurch besaß dieses Kloster die berühmte Marienstatue der Himmelpförtnerin (siehe S. 20 die Hausmutter in der Stephanskirche). Als Joseph II. die Auflösung dieses Klosters 1783 anordnete, wurde sie in den Dom gebracht. Mit diesem Kloster hängt eine alte Wiener Sage zusammen:

Nach den Klosterregeln wurde eine Nonne als Pförtnerin auserwählt. Sie war die Einzige im Kloster, die mit der Außenwelt Verbindung hatte. Einst wollte es der Zufall, dass die Pförtnerin eine hübsche, junge Nonne war. Die Versuchung kam in Gestalt eines Ritters, der sie überreden wollte, ihr Gelübde zu brechen und ihm zu folgen. Anfänglich widerstand die junge Nonne, aber letztlich bedrängte der Jüngling sie so sehr, dass sie verzweifelt in die Kapelle lief, in der die Muttergottesstatue stand. Sie legte ihr die Klosterschlüssel zu Füßen und betete: »Hüte dein Haus, Himmelsmutter, ich kann es nicht länger tun.« Und somit verließ sie das Kloster.

Anfänglich war die junge Frau glücklich, aber nach einigen Jahren verließ sie ihr Geliebter und bald darauf wurde sie krank und verarmte. Nach einem langen inneren Kampf entschloss sie sich ins Kloster zurückzukehren. Als demütige und reuige Sünderin läutete sie an der Pforte. Da öffnete ihr eine Nonne, die – sie konnte kaum ihren Augen trauen – genauso aussah, wie sie selbst einst ausgesehen hatte. Es war niemand anderer als die Himmelsmutter selbst, die ihren Platz an der Pforte seit jener Nacht eingenommen hatte. Sie hatte all die Jahre ihren Dienst versehen und die anderen Klosterschwestern hatten niemals etwas von ihrer Abwesenheit erfahren.

In der Himmelpfortgasse – ein paar Schritte weiter, jedoch auf der anderen Straßenseite – auf Nr. 8 steht das Winterpalais des Prinzen Eugen; heute ist das Finanzministerium darin untergebracht. Es ist wohl das ornamentalste aller Stadtpalais, die einst der Aristokratie gehört haben. Zwei der berühmtesten Architekten des Barock haben daran gebaut: Fischer von Erlach und Lukas von Hildebrandt.

Das Palais ist der Öffentlichkeit nicht zugänglich, während der Amtsstunden kann man lediglich in die Eingangshalle. Links vorne leert Neptun eine Muschel – sicherlich war dies einst ein Brunnen; ein zweiter, kleiner ist im Hof zu sehen. Rechts muss man sich leider mit einem Blick auf die imposante Stiege begnügen. Atlanten tragen sie und beim ersten Treppenabsatz steht ein keulenschwingender, überlebensgroßer Herkules.

In dieser ganzen Pracht soll Prinz Eugen eine Zimmerflucht bewohnt haben, die zum Hof hinausging »sehr friedlich und ruhig«, und es scheint auch auf Grund der wenigen Informationen, die wir über sein Privatleben haben, eher wahrscheinlich, dass er die Prunkräume auf der Himmelpfortgassenseite nur für offizielle Anlässe benützt hat.

Nr. 13 etwas weiter unten ist ein Stadtpalais der Familie Erdödy-Fürstenberg. Eine Gedenktafel weist darauf hin, dass hier des Öfteren der ungarische Fürst Rákóczi bei seinen Wiener Aufenthalten abgestiegen ist. Franz Fürst Rákóczi rebellierte gegen die habsburgische Monarchie von 1703 bis 1707. Er wurde zum Fürsten von Siebenbürgen und Ungarn gewählt, wo er äußerste Beliebtheit genoss. Später jedoch wurde er verbannt und lebte sodann in Polen, Frankreich und schließlich in der Türkei, wo er 1735 starb.

Ein hübsches Haus mit einem Giebel und einem Renaissancetor ist Nr. 15. Während der Woche kann man seine

Stiegenhaus des Winterpalais des Prinzen Eugen

zwei bezaubernden Höfe besichtigen, da sich hier ein Antiquitätengeschäft befindet und die Höfe mit seinen Schätzen bereichert.
Wir gehen weiter, bis wir zur Seilerstätte kommen.

Seilerstätte (1)

Nach der zweiten Türkenbelagerung 1683 hatten sich hier die Seiler niedergelassen, bis sie sich ab der Mitte des 18. Jahrhunderts anderswo ansiedelten. Man kann es ihnen nicht verargen, denn als sich hier ein Eier- und Geflügelmarkt etablierte, war an ein Verbleiben in dieser Gegend nicht mehr zu denken. Ein Zeitgenosse hat uns eine Beschreibung der Zustände hinterlassen: »Wer an einem Dienstag oder Freitag zur Vormittagszeit über die Seilerstätte geht, weiß, was ein Eier- und Hühnermarkt ist. Lange nachdem man dieses ohrenbetäubende und nasenbeleidigende Stadtrevier verlassen hat, glaubt man sich noch immer in diesem Menschen- und Federviehgewimmel zu finden, noch vibriert das Trommelfell unserer Ohren von dem tausendstimmigen Gackern des jungen Hühnervolkes, und noch immer ist das Geruchsorgan von der mephitischen Ausdünstung affiziert.«
Gegenüber der Himmelpfortgasse in der Seilerstätte steht ein monumentales Gebäude. Es ist das Ronacher, benannt nach seinem Gründer und ersten Direktor. Seit Ende des 19. Jahrhunderts steht es hier. Ursprünglich war es ein äußerst beliebtes Variété. In der Zeit nach dem Zweiten Weltkrieg beherbergte es bis 1955 das ausgebombte Burgtheater. Dann vegetierte es einige Zeit dahin, wurde aber in den 90er-Jahren renoviert und ist nun wieder ein Tempel der leichten Muse.
Wir biegen rechts in die Seilerstätte ein, bis wir zur Johannesgasse kommen.

Johannesgasse

Wir wollen nur ein paar Schritte in diese Gasse hineingehen, denn Nr. 15 enthält einen jener reizvollen Höfe, von deren Existenz man von außen nichts ahnt. Schon die Fas-

Die Witwe von Sarepta im Savoyischen Damenstift

sade ist viel versprechend mit der schönen Immaculata. Auch das Tor – wochentags geöffnet – ist äußerst ornamental. Im Sommer ist der dahinter liegende Hof eine schattige Insel des Friedens, sogar eine Bank bietet dem müden Spaziergänger einen willkommenen Rastplatz. Am hinteren

Ende steht ein prächtiger Brunnen, dessen Figur die Witwe von Sarepta darstellt: »Elisäus machet eine Witwen reich an Öhl« heißt das biblische Zitat darüber.
Diese friedliche Umgebung diente auch tatsächlich viele Jahre hindurch als Zufluchtsstätte für verwitwete Damen und war als Savoyisches Damenstift bekannt. Das Haus hatte einst dem Neffen des Prinzen Eugen gehört und seine Witwe stiftete es als Heim für adelige Damen.
Sowohl der Brunnen als auch die Marienstatue an der Fassade sind das Werk des Bildhauers Franz Xaver Messerschmidt (1736–1783), dessen Grimassen schneidende Charakterköpfe im Unteren Belvedere zu sehen sind.
Wieder hinaus auf die Straße und vis-à-vis befindet sich die Kapelle des Ursulinerinnenklosters. Bis in die Mitte des vorigen Jahrhunderts war hier eine berühmte Mädchenschule, jetzt ist ein Teil der Universität für Musik und darstellende Kunst darin untergebracht. Die kleine Kapelle geht auf das Jahr 1675 zurück und sonntags wird hier noch eine Messe gelesen.

Seilerstätte (2)

Wir gehen zurück zur Seilerstätte, in die wir rechts einbiegen, vorbei an der Musikuniversität bis vor zum Haus Nr. 30, ehemals das Palais Erzherzog Karl, heute das Haus der Musik.
Was einem in diesem Haus alles geboten wird, lässt sich fast nicht aufzählen. Hauptsächlich ist es Hörbares, aber auch zum Sehen gibt es viel. Hinreißend sind die Künstlerleben der berühmtesten österreichischen Komponisten dargestellt mit Lebensdaten, Bildern und natürlich auch Musikbeispielen – man könnte Stunden nur lauschend hier verbringen. Faszinierend ist es auch, etwa Mozart bei der Niederschrift einer Partitur zu beobachten. Und bei Johann Strauß können Sie gar Walzer tanzen. Schließlich

kann man sich noch als Dirigent der Wiener Philharmoniker produzieren.
Im nächsten Stock wird es laut, denn hier erprobt man sich als Komponist. Auch wenn Sie nun schon etwas ermüdet sind, lassen Sie sich das Dachgeschoss nicht entgehen. Auch wenn Sie im Café oder Restaurant nichts konsumieren wollen, der Blick über die Dächer der Innenstadt bis hin zum Stephansdom ist atemberaubend.
Dieses Haus der Musik ist, glaube ich, derzeit in Wien eines der erstaunlichsten Erlebnisse, aber um es wirklich genießen zu können, muss man sich Zeit nehmen.
Es lohnt sich nun, wieder auf der Seilerstätte, noch ein paar Schritte vor bis zur Krugerstraße zu gehen und an diesem Eck einen Augenblick zu verweilen, um die Aussicht von hier zu genießen: Vor Ihnen liegt der Schwarzenbergplatz mit Fürst Schwarzenberg hoch zu Ross. Dahinter sieht man eine Säule, obwohl es von hier schwer festzustellen ist, wer darauf steht. Die Statue stellt einen russischen Soldaten dar und wurde zur Erinnerung von den Russen nach dem Zweiten Weltkrieg zurückgelassen. Die Wiener haben dieses Abschiedsgeschenk nie so recht geschätzt und im Volksmund heißt das Monument »Der unbekannte Plünderer«.
Während der Sommermonate kann man direkt vor dieser Säule den Hochstrahlbrunnen, der abends beleuchtet ist, bewundern. Vor einigen Jahren erschien in einer Wiener Zeitschrift folgendes Mundartgedicht:

Unerklärlich

I mechat
nur wissen
wos d Kollegn
in der MA 34
fir Demokraten san.
De betreibm do
den Hochstroibrunnan.
Na, losst si der

net a bissl
schief eistön,
dass s endlich
des Russndenkmoi
obeschwabt
oder wenigstens
zsaumwaschlt
auf d hoibwegs
erträgliche Gress
von an mittlern
Mischleimanderl.

Hans Werner Sokop

Und falls Sie nicht alles verstanden haben, darf ich Ihnen eine Übersetzung anbieten:
»Ich möchte nur wissen, was die Kollegen von der Magistratsabteilung 34 (Elektro-, Gas- und Wasseranlagen für Städtische Objekte) für Demokraten sind. Die betreiben doch den Hochstrahlbrunnen. Also, lässt sich der nicht ein wenig schief stellen, dass endlich das Russendenkmal heruntergeschwemmt wird oder wenigstens zum Schrumpfen gebracht wird auf eine halbwegs erträgliche Größe eines mittelgroßen Michelinmännchens.«
Etwas beeinträchtigt durch das Monument und die Kolonnade dahinter sieht man das herrliche Palais Schwarzenberg heute kaum. Es ist eines der schönsten Adelspalais in Wien und wird noch immer von der Familie dieses Namens bewohnt. Ein Teil davon ist aber in ein Hotel umgewandelt worden. Im Hauptgebäude befinden sich zwei prachtvolle Säle, in denen von Zeit zu Zeit Konzerte stattfinden.
An klaren Tagen kann man von diesem Eck aus sogar noch die grünen Dächer des Oberen Belvederes, der Sommerresidenz des Prinzen Eugen, ausnehmen.
Von diesem kleinen Abstecher aus kehren wir nun wieder entlang der Seilerstätte zurück, bis wir zur Annagasse kommen.

Annagasse

Die Kirche, die der Gasse den Namen gegeben hat, liegt am anderen Ende. Einst stand daneben noch ein Kloster. Zweifellos ist dies eine der reizvollsten Gassen Wiens. Fast jedes Haus ist aus dem 18. Jahrhundert, manche sind sogar älter.

Gleich zu unserer Linken, Ecke Seilerstätte / Annagasse 20, ist das hübsche Portal des Palais Erzherzog Carl. In diesem Haus feierte der Weihnachtsbaum in Wien Premiere. Die sehr beliebte Fürstin Henriette von Nassau-Weilburg, die Gattin jenes Erzherzogs Carl, der dem Palais seinen Namen gab, hat diese Tradition 1816 nach Wien gebracht. Der Tannenbaum mit den Kerzen und dem Schmuck rief unter dem Wiener Adel und den Künstlern der damaligen Zeit solche Begeisterung hervor, dass bereits im darauffolgenden Jahr viele ihrem Beispiel folgten. Heutzutage gibt es kaum eine Wiener Familie, die nicht ihren Weihnachtsbaum hat.

Gegenüber, auf Nr. 7, befindet sich der Mailbergerhof. Ursprünglich war dieser im Besitz des Bischofs Kollonitz, seit 1775 ging er in die Hände der Malteserritter über. Das hölzerne Tor zeigt auch noch das Malteserkreuz als Bestätigung. Heute ist hier ein Hotel.

Wir wandern die Straße hinauf. Nr. 14 war einst ein berühmtes Restaurant, »Zum blauen Karpfen«, und diesen Fisch kann man an der Fassade oberhalb eines bezaubernden Puttenfrieses auch heute noch bewundern.

Gegenüber kommen wir dann zum Klein-Mariazellerhof und daneben zur Kirche St. Anna.

Seit 1320 hat es hier an dieser Stelle ein Gotteshaus gegeben. Zuerst war es eine Kapelle; die heutige Kirche stammt aus dem 17. Jahrhundert, aber Teile der früheren Kirche sind noch vorhanden. Auf dem ersten, linken Seitenaltar – meist im dort herrschenden Halbdunkel kaum zu erkennen – steht eine hölzerne »Anna selbdritt«, die etwa auf das Jahr 1510 zurückgeht und möglicherweise von Veit Stoß stammt. Diese Kirche ist im Besitz einer ganz besonderen

»Zum blauen Karpfen«

Reliquie, einem Handknochen der heiligen Anna, der am Annentag, dem 26. Juli, am Altar ausgestellt wird.
Wir gehen noch am Kremsmünster-Hof (Nr. 4), der aus dem 17. Jahrhundert stammt, vorbei und erreichen so die Kärntner Straße.

Kärntner Straße

Hier also sind wir auf Wiens bekanntester Straße gelandet. Eigentlich ist es eine recht alte, denn sie wird schon 1257 erwähnt und muss bereits damals als Hauptverkehrsader zu den Hafenstädten von Venedig und Triest längst etabliert gewesen sein. Heute sieht man kaum noch etwas von diesem ehrwürdigen Alter. Hauptsächlich liegt die Schuld bei der Gründerzeit des 19. Jahrhunderts und das Wenige, das dieses Jahrhundert überstanden hat, wurde im Chaos der letzten Kriegstage im April 1945 zerstört.

Eines der wenigen überlebenden Gebäude ist das Palais Esterházy, Ecke Annagasse und Kärntner Straße (Nr. 41), das zumindest auf das frühe 18. Jahrhundert zurückgeht.

Seit die Kärntner Straße zur Fußgängerzone deklariert wurde, ist sie zur beliebtesten Promenade für Wiener wie auch Touristen geworden. Während des Sommers sind die »Schanigärten« der Kaffeehäuser und Restaurants ideale Logen, in denen man das bunte Treiben der vorüberziehenden Menschenmenge betrachten kann. Hier kann man auch in aller Ruhe, ohne von Auspuffgasen und lautem Verkehr belästigt zu werden, die Auslagen bewundern.

Wir biegen rechts in die Kärntner Straße ein und kommen fast unmittelbar darauf zur Malteserkirche. Das Äußere trügt, denn die Fassade ist frühes 19. Jahrhundert, wenn man jedoch eintritt, sind es Gewölbe aus dem 15. Jahrhundert, die man vorfindet, wie auch eine hübsche Orgel aus dem 18. Jahrhundert. An den Wänden hängen die Wappen der Malteserritter, darunter auch einige mit Namen berühmter österreichischer Adelsfamilien.

Wenn wir die Kirche verlassen, gehen wir bis zur nächsten Ecke, überqueren die Kärntner Straße und biegen in ein kurzes Gässchen ein, Marco-d'Aviano-Gasse, das uns zum Neuen Markt bringt.

Neuer Markt

Wenn wir den Neuen Markt erreicht haben, stehen wir bereits dem Kapuzinerkloster und dessen Kirche gegenüber. In der Gruft dieser Kirche sind seit Kaiser Matthias und seiner Gattin Anna (1633) die meisten Habsburger begraben worden. Die einzige Ausnahme in dieser illustren Gesellschaft bildet die Gräfin Fuchs, die Erzieherin Maria Theresias. Als man damals Bedenken äußerte, soll Maria Theresia geantwortet haben: »Sie war immer bei Uns zu Lebzeiten, sie soll auch im Tode bei Uns sein!«

Insgesamt befinden sich die sterblichen Überreste von 146 Menschen in der Gruft. Der Doppelsarkophag Maria Theresias und ihres Gemahls, Franz von Lothringen, zeigt das Ehepaar in geradezu lebensechter Stellung – als würden sie des Morgens eben erwacht sein (gemeint war jedoch ihr Erwachen am Jüngsten Tag). Maria Theresia liebte ihren Gatten zärtlichst, trotz dessen wiederholter Seitensprünge. Nach seinem Tod besuchte sie sein Grab sehr häufig. In den letzten Lebensjahren, als sie recht korpulent geworden war, musste man einen Aufzug einbauen, um ihr das Treppensteigen zu ersparen. Am 20. November 1780 war sie gerade wieder bei ihrem »Franzl« gewesen. Als sie die Grabstätte verließ, blieb der Aufzug dreimal stecken. »Mir scheint, die Gruft will mich nicht mehr gehen lassen«, sagte sie. Es sollte ihr letzter Besuch sein; sie starb am 29. November 1780.

Zu Füßen dieses prunkvollen Rokokograbmales – ein Gegensatz im Tod wie im Leben – liegt ihr Sohn Joseph II. in einem strengen, schmucklosen Sarg. Wenige Tage vor seinem Tod sagte er seinem Sekretär, er wolle folgende Grabinschrift: »Hier liegt Joseph II., der in allem versagte, war er unternahm.« Man hat diesem letzten Wunsch des Kaisers nicht entsprochen. Vielleicht schien das Urteil, das er somit über sich selbst fällte, gar zu hart.

Als die letzte Kaiserin von Österreich, Zita, im Alter von 97 Jahren starb, wurde ihr Leichnam nach Wien überführt, um in der Kapuzinergruft bestattet zu werden. Diese Trauerfeier bot heutigen Generationen die Gelegenheit, ein kaiserliches Begräbnis mitzuerleben.

So waren am 1. April 1989 außer der Familie der Verstorbenen Hunderttausende gekommen – auch aus den ehemaligen Kronländern –, um ihr das letzte Geleit zu geben. Zu

Grabmal Maria Theresias und ihres Gemahls

diesem Anlass hatte man aus der Wagenburg in Schönbrunn die schwarze kaiserliche Trauerkarosse reaktiviert, die von sechs Rappen mit schwarzen Federbüschen auf den Köpfen gezogen wurde.
Da aus dem In- und Ausland viele gekommen waren, um an dem Kondukt in Nationaltracht oder in Uniformen diverser Bürgercorps und Musikkapellen teilzunehmen, entfaltete dieser Zug eine für einen Trauerkondukt erstaunli-

che Buntheit. Leider begann es zu regnen und das beeinträchtigte diese eindrucksvolle Begräbnisfeier doch ein wenig.
Der Höhepunkt jedoch war zweifellos das Ritual an der Pforte der Kapuzinergruft.
Vor der Kirche angekommen trat ein Herold hervor und schlug mit seinem Stab dreimal an das Tor.
»Wer begehrt Einlass?«, fragte ihn ein Kapuzinerpater und der Herold antwortete:
»Zita, die Kaiserin von Österreich, gekrönte Königin von Ungarn; Königin von Böhmen, Dalmatien, Kroatien, Slavonien, Galizien, Lodomerien und Illyrien; Königin von Jerusalem; Erzherzogin von Österreich; Großherzogin der Toskana und von Krakau; Herzogin von Lothringen und Paar, von Salzburg, Steyr, Kärnten, Krain und der Bukowina; Großfürstin von Siebenbürgen; Markgräfin von Mähren und Herzogin von Ober- und Niederschlesien; von Modena, Piacenza und Guastalla, von Auschwitz und von Sator, Teschen, Friaul, Ragusa und Zara; Gefürstete Gräfin von Habsburg und Tirol, von Kühburg, Görz und Gradisca; Fürstin von Trient und Brixen; Markgräfin von Ober- und Niederlausitz und Istrien; Gräfin von Hohenems, Feldkirch, Bregenz und Sonnenberg; Herrin von Triest, von Cataro und auf der Windischen Mark; Großwoiwodin der Woiwodschaft Serbien; Infantin von Spanien; Prinzessin von Portugal und Parma.«
Am Ende dieser Liste all ihrer Titeln kam vom Kapuziner die schlichte Feststellung: »Kenne ich nicht.« Dies ließ doch einen gewissen Schauer durch die Menge gehen.
Wieder klopfte der Herold dreimal. Und wieder fragte der Pater: »Wer begehrt Einlass?« Der Herold begnügte sich diesmal lediglich mit: »Zita, Ihre Majestät die Kaiserin und Königin.« Auch diesmal kam des Paters abweisende Feststellung: »Wir kennen sie nicht.«
Ein drittes Mal dröhnte der Stab gegen die Pforte und wieder kam dieselbe Frage: »Wer begehrt Einlass?« Die Antwort war schlicht: »Zita, ein sterblicher, sündiger Mensch.«

Der Pater: »So komme sie herein.« Worauf sich das Tor öffnete und der Sarg zu seiner letzten Ruhestätte getragen werden konnte.
Zum Neuen Markt selbst: hier war einst der Korn- und Mehlmarkt. Im 15. Jahrhundert sind hier auch noch Turniere und Rennen abgehalten worden. Später wurden auch Theaterstücke aufgeführt. Zu Zeiten Maria Theresias wurden Schlittenfahrten in adeligen Kreisen sehr populär. Sollten Sie Schloss Schönbrunn besuchen, verabsäumen Sie nicht, die Wagenburg zu besichtigen. Dort sind die kaiserlichen wie auch andere Kutschen ausgestellt. Unter ihnen befinden sich einige bezaubernde Schlitten, am Zaum der Pferde kleine Glöckchen. Man kann sie sich vorstellen, wie sie in der winterlichen Dämmerung rund um den Platz wirbelten, die Damen in ihre Pelze gehüllt. Die letzte dieser Schlittenfahrten fand während des Wiener Kongresses im Winter 1814/15 statt. Damals nahmen fast alle gekrönten Häupter Europas daran teil.
In der Mitte des Platzes steht der berühmte Brunnen von Georg Raphael Donner. Oben thront Providentia; sie ist umgeben von den vier österreichischen Flüssen Enns, March, Traun und Ybbs. Während Maria Theresias Regierung beanstandete die viel gefürchtete Keuschheitskommission – eine Geheimpolizei, die speziell zur Wahrung der öffentlichen Moral eingesetzt worden war – dieses Kunstwerk, da die Figuren größtenteils nackt sind. Sie wurden 1770 entfernt und verbrachten die nächsten 31 Jahre versteckt in irgendeinem Depot. Dann wurden sie dem Bildhauer Johann Martin Fischer angeboten; er könne sie einschmelzen und das Blei wiederverwenden. Glücklicherweise erkannte Fischer den Wert des Kunstwerkes und veranlasste seine Wiederaufstellung. Der heute hier stehende Brunnen ist eine Kopie aus Bronze, das Original steht im Barockmuseum des Unteren Belvederes.
Wir gehen nach rechts über den ganzen Platz, um dann links bis zur Seilergasse zu kommen.

Detail vom Donnerbrunnen

Kärntner Durchgang

Wir halten uns nicht in der Seilergasse auf, denn es ist nicht viel mehr darüber zu sagen, als dass hier einst die Seiler ihre Werkstätten hatten.
Das erste kleine Gässchen rechter Hand heißt Kärntner Durchgang und führt zur Kärntner Straße. Früher stand hier ein Haus und der heutige Durchgang entstand erst, als dieses 1898 niedergerissen wurde. Trotz seiner Kürze befindet sich hier die American Bar (Kärntner Bar), die Adolf Loos 1908 gestaltet hat. Obwohl sie nicht mehr ganz im Original erhalten ist, wird sie auch heute noch häufig Loosbar genannt.

In den frühen fünfziger Jahren dieses Jahrhunderts befand sich im Keller des Lokals der berühmte »Art Club«, der wegen der mit Schilfmatten austapezierten Wände auch »Strohkoffer« genannt wurde. Junge Maler, Bildhauer, Musiker und Schriftsteller trafen sich hier. Aber auch ausländische Zelebritäten ließen es sich nicht nehmen, hier einen Besuch abzustatten. Der Club war Weinkeller, Ausstellungshalle, Konzertsaal und Theaterpodium für Lesungen. Der Pianist Friedrich Gulda kam oft nach einem Konzert hierher und spielte den Rest der Nacht Jazz. 1952 erschien nach der Aufführung das gesamte Ensemble von »Porgy und Bess«, das in Wien gastierte, im Keller. Da waren William Warfield, Cab Calloway und Leontyne Price – und hier gaben sie noch bis in die frühen Morgenstunden ein improvisiertes Konzert. Dass es dieses Lokal nicht mehr gibt, ist ein großer Verlust für Wien.
Ein paar Schritte weiter mündet die Gasse bereits in die Kärntner Straße, von hier sind es nach links nur mehr einige Häuser bis zum Stephansplatz.

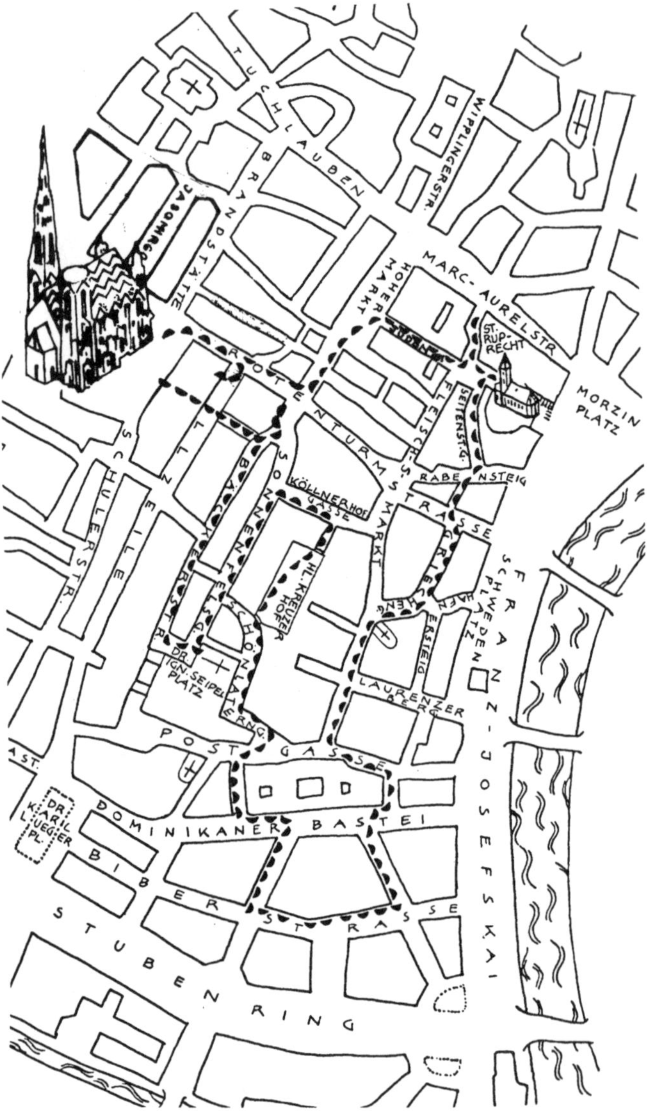
TUCHLAUBEN
WIPPLINGERSTR.
BRANDSTÄTTE
JASOMIRG.
MARC-AURELSTR.
HOHER MARKT
ST. RUPRECHT
MORZINPLATZ
SEITENST.G.
FLEISCHMARKT
ROTENTURMSTRASSE
RABENSTEIG
KÖLLNERHOFGASSE
WOLLZEILE
SCHULERSTR.
SONNENFELSG.
BÄCKERSTR.
HL. KREUZER HOF
GRIECHENG.
HAFENSTEIG
SCHWEDENPLATZ
FRANZ-JOSEFS-KAI
SCHÖNLATERNG.
DR. IGN. SEIPEL PLATZ
LAURENZERBERG
POSTGASSE
DR. KARL LUEGER PL.
DOMINIKANERBASTEI
BIBERSTRASSE
STUBENRING

DRITTE TOUR

Rotenturmstraße
Lichtensteg
Hoher Markt
Judengasse
Sterngasse
Ruprechtsplatz
Seitenstettengasse
Griechengasse
Fleischmarkt
Otto Wagners Postsparkasse
Schönlaterngasse
Heiligenkreuzerhof
Sonnenfelsgasse
Dr.-Ignaz-Seipel-Platz
Bäckerstraße
Lugeck

Rotenturmstraße

Wir stehen wieder vor dem Hauptportal der Stephanskirche und wenden uns nach links zur Rotenturmstraße. Es gab tatsächlich einst einen »Roten Turm«; eigentlich war er rot-weiß kariert, wie man in einem der frühesten Bilder der Stadt Wien (im Babenberger Stammbaum, Klosterneuburg) sehen kann. Dieser Turm war einer der Befestigungstürme an jenem Donauarm, der an der Stadt, etwa dort, wo sich heute der Donaukanal befindet, vorbeifloss.
Mit diesem Turm ist eine heitere Geschichte verbunden. Man hatte einmal hoch oben an der Seite des Bauwerkes eine Speckseite aufgehängt. Ein Schreiben daneben ließ die Neugierigen wissen, sie gehöre demjenigen, der sich als Herr im Haus fühle, also nicht unter dem Pantoffel seiner Ehegattin stehe. Manch einer schlich davon, ohne auch nur sein Glück zu versuchen. Da erschien ein stämmiger Schuster und erklärte, die Speckseite sei so gut wie sein Eigentum. Er sei kein Pantoffelheld, nein, sicher nicht! Um es zu beweisen, legte er seinen Rock ab und schickte sich an, den Turm zu besteigen. Im letzten Augenblick aber zögerte er: »Vielleicht lass ich es doch besser bleiben«, murmelte er, »meine Frau wird schimpfen, wenn ich mir die Hose schmutzig mache!«
Das erste Gebäude rechts in der Rotenturmstraße ist das Erzbischöfliche Palais, aber um seine hübschen Höfe zu sehen, muss man vorgehen und um das nächste Eck in die Wollzeile einbiegen. Der Eingang befindet sich im Haus Nr. 2. Da die Höfe heutzutage versperrt sind, muss man beim Portier bitten, er möge kurz das Tor öffnen.
Der erste Hof bietet bereits einen außerordentlichen Blick auf den unvollendeten Nordturm wie auch den großen Südturm von St. Stephan über den Dächern des Palastes. Wenn wir aber in den zweiten Hof treten, sehen wir uns links plötzlich einer sehr reizvollen jungen Dame gegenüber. Sie scheint höchst vergnügt und prostet uns mit einem Becher zu. Als ich dieser Dame zum ersten Mal be-

Die Dame im Erzbischöflichen Palais

gegnete, war ich etwas erstaunt, sie gerade in dieser Umgebung vorzufinden. Später wurde ich belehrt: ich hatte sie völlig verkannt. Sie stellt die Mäßigkeit dar – ja, natürlich, der Krug, den sie hält, spendet nur Wasser und das nur im Sommer.

Zurück zum ersten Hof. Das ist der Platz, an dem sich eine der ältesten Legenden Wiens abgespielt haben soll. Hier stand der erste Pfarrhof von St. Stephan, ein viel bescheideneres Gebäude als das heutige Palais. Als man daran ging, die romanische Pfarrkirche zu erweitern, musste ein Teil der sie umgebenden Bäume, darunter auch ein schöner, alter Lindenbaum, geopfert werden. Der Pfarrer war darüber zutiefst unglücklich. So viele Jahre hindurch war ihm die prächtige Linde lieb geworden. Sollte er nun auf ihre Silhouette vor dem Fenster, auf ihren Duft im Frühjahr verzichten müssen? Der Baumeister war jedoch ein Mensch mit Herz und es gelang ihm, den alten Baum zu verschonen. Als der Priester alt geworden war, wurde er eines Winters krank und die Haushälterin fürchtete, er würde das Frühjahr nicht mehr erleben. In einer bitterkalten Januarnacht schien er bereits zu fantasieren – so meinte zumindest die Haushälterin –, denn er murmelte etwas von seiner herrlich blühenden Linde. Plötzlich setzte er sich im Bett auf und verlangte, man möge das Fenster weit öffnen, damit er den Duft ihrer Blüten noch einmal einatmen könne. Die erschrockene Frau wollte nicht gehorchen, sie war überzeugt, die eisige Luft würde dem alten Mann den Tod bringen. Er aber ließ nicht nach und mit letzter Kraft erhob er sich von seinem Bett und wankte zum Fenster, das er weit aufriss. Und da draußen, inmitten von Schnee und Eis, stand wirklich der Lindenbaum in voller Blüte. Der Greis schöpfte tief Atem und sog den Duft in sich hinein; dann glitt er wortlos zu Boden. Als die Haushälterin zu ihm eilte, war es zu spät, er war tot; aber auf seinem Gesicht lag ein beglücktes Lächeln.

Lichtensteg

Wir kehren zur Rotenturmstraße zurück, und wenn wir nun diese nach rechts hinuntergehen, zweigt ein kleines

Gässchen nach links ab: Lichtensteg. Diesem folgen wir und sehen bald auf der rechten Seite die Apotheke »Zum Roten Krebs«. Der Name erinnert an jene Zeiten, in denen hier am Fischmarkt Krebse als besondere Delikatesse feilgeboten wurden. Bereits Mitte des 16. Jahrhunderts galt diese Apotheke als sehr beliebt und war zudem noch Hoflieferant. Außerdem war sie die erste, die homöopathische Arzneien führte, was sie auch heute noch tut.
Vis-à-vis, Ecke Kramergasse, war einst das »Bretzeneck«; bereits 1391 soll man hier Brezeln verkauft haben.

Hoher Markt

Zweifellos handelt es sich hier um den ältesten Platz von Wien. Hier stand das römische Lager Vindobona und Reste dieses Lagers kann man im Keller des Hauses Nr. 3 besichtigen. Diese kleine Ausstellung lohnt sich, denn abgesehen von einem Beispiel der erstaunlichen römischen Zentralheizungstechnik bekommt man einen ausgezeichnet dokumentierten Einblick in das Leben der Römer während ihres Aufenthaltes in Wien.
Im 13. Jahrhundert taucht der Name »Hoher Markt« in den Annalen auf, jedoch wird er bereits der alte Markt genannt. Er war immer ein Mittelpunkt, denn die wichtigsten Zunfthäuser – der Schuster, der Leinenweber, der Kerzenmacher und der Gerber – umgaben den Platz.
Wir bleiben kurz Ecke Bauernmarkt stehen: oberhalb des Bogens gegenüber sieht man die Ankeruhr. Sie wurde von Franz Matsch zwischen 1911 und 1917 für die Anker Versicherungsgesellschaft angefertigt. Um das ganze Schauspiel dieser Uhr zu erleben, muss man kurz vor 12 Uhr mittags hier eintreffen. Da marschieren sämtliche Figuren, jede mit ihrer eigenen Kennmelodie, an uns vorbei. Die Figuren stellen folgende historische Persönlichkeiten dar:

1. Marc Aurel
2. Karl der Große
3. Leopold der Glorreiche mit seiner Gattin Theodora
4. Walther von der Vogelweide
5. König Rudolf von Habsburg und Gemahlin
6. Meister Hans Puchsbaum
7. Maximilian I. (der »letzte Ritter«)
8. Bürgermeister Liebenberg
9. Rüdiger von Starhemberg
10. Prinz Eugen
11. Maria Theresia und Franz I.
12. Joseph Haydn

Heute dominiert der »Vermählungsbrunnen« den ganzen Platz. Er wurde von Joseph Emanuel Fischer von Erlach nach einem Entwurf seines Vaters erbaut. Der Brunnen kam an die Stelle des Galgens, der bis dahin hier gestanden ist. Leopold I. hatte 1702 ein Gelübde abgelegt, er würde dem heiligen Josef ein Denkmal errichten, wenn sein Sohn (später Joseph I.) lebendig und siegreich von der Belagerung von Landau zurückkehrte. Die Figuren stellen die Hochzeit von Josef und Maria dar.
Der gesamte Gebäudekomplex zwischen Judengasse und Marc-Aurel-Straße am anderen Ende des Platzes war einst von einem einzigen Bau, dem Berghof, eingenommen. Ende des 13. Jahrhunderts sprach man schon von ihm als dem ältesten Haus von Wien, die Urzelle, aus der die Stadt später hervorging. Dieser Berghof wurde im 17. Jahrhundert niedergerissen.
Aber wohl das wichtigste Gebäude am Hohen Markt war Jahrhunderte hindurch die »Schranne« – das Gerichtshaus. Es wurde 1440 erbaut und stand Ecke Tuchlauben und Hoher Markt. Etwas später wurde es wegen der prachtvollen Freitreppe, die bis zum ersten Geschoß hinaufführte, viel bewundert. Auf dem Absatz dieser Treppe verkündete der Richter die Todesurteile. Die Schranne besaß auch eine eigene Kapelle, die vielsagend »Zur Todesangst Christi«

Die Ankeruhr

hieß, und wenn man den Schuldigen zur Hinrichtung führte, läutete das »Armesünderglöcklein«. Die alte Uhr am Dach ist aber doch wohl nicht dieselbe, die auf der Schranne angebracht war, obwohl sie fast alt genug aussieht. Die hat man beim Abbruch des Gebäudes 1855 heruntergenommen. Auf der Rückseite des Zifferblattes fand man folgende Worte: »Diese Uhr schlägt keinem Glücklichen.«

Gegenüber stand das »Narrenkotterl«. Es bestand aus einigen Käfigen, in die man Dirnen, Hexen, Wahrsagerinnen und Säufer sperrte und sie somit der Volksbelustigung der Menge preisgab. 1710 wurde das Narrenkotterl niedergerissen und durch einen »modernen« Pranger ersetzt.

Der Hauptzweck des Platzes war jedoch der eines Fisch- und Krebsenmarktes.
Ein Gesetz aus dem Jahr 1516 lautet: »Absatz 6: Niemand darf Fischkauf treiben, der nicht Bürgerrecht und ein eheliches Weib hat.« In der Mitte des Platzes stand ein Brunnen, der Fischbrunnen, der bereits ab Mitte des 16. Jahrhunderts eine eigene Wasserleitung besaß, sodass das Wasser aus vier Öffnungen hervorsprudelte. Dieses Wasser kam direkt aus Hernals (heute der 17. Bezirk, im Westen von Wien gelegen), damit immer genügend frisches Wasser für die am Markt feilgebotenen lebenden Fische und Krebse vorhanden sei.
Der Platz eignete sich aber auch bestens für Festlichkeiten wie etwa das »Johannesfeuer« (eine Mischung des heidnischen Sommernachtsritus und dem christlichen Fest Johannes des Täufers). Es wird erstmals 1481 erwähnt, war aber wahrscheinlich auch damals schon ein alter Brauch. Es muss ein prächtiger Anblick gewesen sein: zuerst erschienen die Ratsherren auf ihren Rössern; ihnen folgten die Trommler und Pfeifer. Dann war die Reihe an den spärlich bekleideten »Hübschlerinnen«, auch »freie Töchter« genannt, wie man beschönigend die Prostituierten der Stadt bezeichnete, und schließlich die Handwerker. Bald tanzte man um das große Feuer. Wein floss reichlich und die Feierlichkeiten arteten meist in einem wahren Bacchanal aus. Aus diesem Grund wurden sie auch 1524 verboten.
Rechts vom Vermählungsbrunnen geht die Judengasse hinein. Wir folgen ihr.

Judengasse

Ursprünglich hießen alle Gassen des jüdischen Ghettos einfach »Judengasse« – als ob sie kein Recht auf einen eigenen Namen hätten. Hier hatten die jüdischen Altwarenhändler ihren Sitz. Davon ist nicht mehr viel zu sehen.

Wohl haben die meisten der kleinen Geschäfte noch die alten Sperrläden, diese werden aber kaum noch benützt. Nur etwa bei Haus Nr. 7 Ecke Sterngasse kann man diese Läden mit den eisernen Balken noch sehen. Sie deuten auf grimmige Zeiten hin, in denen es durchaus keine Seltenheit war, dass plündernde Horden in das Viertel einbrachen. Wie oft ging wohl die Schreckenskunde von Mund zu Mund: »Sie kommen!« Da wurden sofort alle Türen und Fenster versperrt und verriegelt. Man zog sich eiligst in eine Hinterkammer oder in den Keller zurück und hoffte, dass sich der Pöbel wieder beruhigen und abziehen werde. Manchmal war es jedoch schlimmer und die Juden mussten ihr Hab und Gut zusammenpacken und in die Fremde ziehen. Sie wurden immerhin in den Jahren 1421 (siehe S. 128), 1567, 1572, 1614 und nochmals 1670 aus der Stadt vertrieben, ganz zu schweigen von dem letzten Exodus in den Jahren 1938/39. Und dabei konnte man noch von Glück reden, wenn man auswandern konnte, denn jedem dieser Pogrome fielen unzählige Juden zum Opfer, die grausam erschlagen oder verbrannt wurden.
Haus Nr. 4, rechter Hand, ist ein Zinshaus unseres Jahrhunderts. Aber aus einer früheren Zeit ist eine hübsche heilige Barbara erhalten geblieben, die heute noch die Fassade schmückt. Dieses Gebäude hat einen eigenen Namen, letzter Rest eines großen Hauses, das sich bis zum Bauernmarkt erstreckte und einst auch einen schönen Garten besaß: der Lazenhof. Seit dem 15. Jahrhundert war es im Besitz der Familie Laz. Der berühmte Wiener Gelehrte Wolfgang Laz (auch Lazius genannt) wurde hier 1514 geboren. Er wurde Rektor der Universität, war aber auch bei Hof eine prominente Persönlichkeit. Ferdinand I. ernannte ihn zu seinem Leibarzt, er war jedoch außerdem Hofhistoriker und Direktor des Kaiserlichen Münzamtes. Schließlich wurde er für seine Dienste geadelt.
Der Mann war wirklich der Inbegriff eines Renaissancemenschen. Er war ein begeisterter Sammler und der Erste in Wien, der römische Grabsteine und Altäre als erhal-

tungswürdig aufbewahrte. Er stellte sie in seinen Garten oder fügte sie in die Mauern ein, die diesen umgaben. Nach seinem Tod 1565 ging diese großartige Sammlung leider verloren. Sein eigener Grabstein befindet sich in der Peterskirche (siehe S. 118).

Im Haus Nr. 7, Ecke Sterngasse, wohnte der berühmte Wiener »Pestarzt« Dr. Sorbait. Er hinterließ unzählige Notizen und Rezepte, die sich auf die Pest beziehen (siehe S. 95).

Rechts weitet sich die Straße zum Desider-Friedmann-Platz und man sieht Stiegen, die zum Fleischmarkt hinunterführen. Hier kann man links einen sonderbaren, eher bedrohlichen Turm sehen, der nur oben ein paar später hinzugefügte Fenster aufweist. Der Bau, der 1825–1827 entstanden ist, muss damals auf die gesamte umliegende Stadt heruntergesehen haben.

Der berühmte Biedermeierarchitekt Joseph Kornhäusel hat diesen abschreckenden Bau entworfen, um den Nörgeleien seiner eifersüchtigen Frau zu entgehen. Wenn es ihm zu bunt wurde, zog er sich in den Turm zurück, und wenn sie ihn auch dorthin verfolgte, flüchtete er ins oberste Stockwerk, zog die Leiter, die der einzige Zugang war, auf und schloss die Falltür. So konnte er die Unannehmlichkeiten und den Wirbel des Alltags in Schach halten.

Jetzt biegen wir in das dunkle, schmale Gässchen zur Linken.

Sterngasse

Der Name dieser Gasse geht auf ein Hauszeichen »Zum finsteren Stern« zurück. Es scheint, dass sogar die Sterne hier finster dreinblickten.

Das zweite Haus links, Nr. 3, ist der Wiener Neustädter Hof. Neben dem Tor hängt ein sonderbarer Stein. Wie uns die darunter stehende Schrift informiert, handelt es sich

um ein türkisches Geschoss, das 79 Pfund wog und am 20. Juli 1683 in die Stadt hereingeschleudert wurde. Glücklicherweise wurde niemand verletzt und auch der Schaden, den der Stein anrichtete, war gering.
Am Ende der Gasse führt eine Stiege hinunter. Unten rechts steht ein großer Quader. Dieser stammt aus römischen Zeiten und kam erst nach vielen Jahrhunderten wieder zum Vorschein, als man die Häuser Nr. 5 und 7 in der Sterngasse abreißen musste. Sie waren 1945 schwer beschädigt worden und es wurde ein erbitterter Kampf zwischen dem Besitzer und den Stadterhaltungsanhängern geführt, da die Häuser beide aus dem 16. Jahrhundert stammten. Leider ging der Hausherr als Sieger hervor, die schönen alten Häuser wurden abgerissen und heute steht an ihrer Stelle ein hässlicher Neubau.
Wir begeben uns aber wieder in Richtung Judengasse, wo wir uns diesmal nach links wenden. Diese Gegend, das einstige Ghetto, hat sich seit der Mitte der 80er-Jahre zum so genannten »Bermuda-Dreieck«, dem Brennpunkt der jungen Szene, entwickelt. Beisl reiht sich an Beisl; im Sommer sind ihre »Schanigärten« so dicht gedrängt, dass man kaum weiß, wo der eine aufhört und der andere anfängt.

Ruprechtsplatz

Der Name des Platzes muss nicht erst erklärt werden, denn die Kirche St. Ruprecht steht direkt vor uns. Aber obwohl sie der Überlieferung nach seit 740 an dieser Stelle steht, hieß der Platz einst Kienmarkt, da hier Kienspäne zur Beleuchtung verkauft wurden.
St. Ruprecht war Bischof von Salzburg, und da die Salzer, die das Salz per Schiff nach Wien brachten, am nahen Salzgries anlegten, ist es nicht verwunderlich, dass die Kirche ihrem Schutzpatron geweiht ist. Das Gründungsdatum ist zwar nicht nachweisbar, scheint aber durchaus möglich, da

Teile des noch stehenden Mauerwerks spätantik bzw. frühkarolingisch (8. Jahrhundert) sind.
Mit wildem Wein bewachsen bietet die kleine Kirche besonders im Sommer einen bezaubernden Anblick. Der romanische Turm mit seinen Doppelfenstern kann sich rühmen, der älteste von Wien zu sein. Auch in ihrem Inneren weist die Kirche an etlichen Stellen auf ihr ehrwürdiges Alter. Sie war ursprünglich etwas kleiner, denn das südliche Seitenschiff ist erst später angebaut worden. Die beiden oberen Scheiben des mittleren Fensters hinter dem Altar stammen aus dem 13. Jahrhundert und sind somit die ältesten erhaltenen Glasgemälde in Wien. Wenn wir uns umdrehen und zur Orgelempore hinaufschauen, sieht man zwei kleine Fenster. Sie sind es, die die Kunsthistoriker einen frühkarolingischen Bau vermuten lassen. Das linke weist sogar noch Spuren der Originalbemalung auf, und da es einst nach außen führte, erkennt man an ihm die ursprünglichen Ausmaße der Kirche. Die Orgelempore hat noch etwas Interessantes aufzuweisen. An der linken Seite finden wir wieder einmal Friedrichs III. geheimnisvollen Wahlspruch AEIOU mit dem Datum 1439.
An der Nordwand unter der Empore steht ein prunkvoller Reliquienschrein, in dem ein Skelett liegt. In der Barockzeit hat man ihm ein prächtiges Gewand angelegt. Es soll der heilige Vitalis sein, das Gerippe ist jedoch nur etwa 300 Jahre alt, und da Vitalis 730 in Salzburg verstorben ist, kann es sich nicht um seine Überreste handeln. Der Schrein enthält aber auch eine Phiole mit der Bezeichnung »sanguis«, also Blut, und vielleicht ist das die eigentliche Reliquie. Falls es sich um das Blut von St. Vitalis handelt, wäre St. Ruprecht ein geeigneter Ort, die Reliquie zu verehren, war dieser Heilige doch der Nachfolger von St. Ruprecht als Bischof von Salzburg. Der Rektor der Kirche hat seine Gedanken zu dieser Reliquie niedergeschrieben. Verabsäumen Sie nicht diese zu lesen – ich finde sie entzückend!
Wo heute Haus Nr. 1 steht, befand sich einst das so ge-

Ruprechtskirche

nannte Praghaus – warum es so benannt war, weiß man heute nicht mit Bestimmtheit zu sagen. Möglicherweise hängt der Name mit dem Böhmenkönig Wenzel IV. zusammen, der hier gefangen gehalten wurde. Wenzel und sein Bruder Sigismund, König von Ungarn, hatten einen Streit, und als es Sigismund gelang, den Böhmenkönig gefangen zu nehmen, übergab er ihn dem österreichischen

Herzog Albrecht IV. So verbrachte Wenzel 15 Monate im Praghaus in Haft. Schließlich gelang ihm 1403 mit Hilfe eines Fischers die Flucht über die Donau.
Mit diesem Haus ist jedoch noch eine weitere Begebenheit verbunden. 1397 kaufte es Herzog Wilhelm. Dieser Fürst hatte ein ungewöhnliches Haustier, nämlich einen zahmen Löwen, der seinen Herrn überallhin begleitete. Als Wilhelm im Jahre 1406 bei der Jagd vom Pferd stürzte, brachte man ihn schwer verletzt ins Praghaus. Hier starb er auch kurz darauf. Der Löwe hatte sich neben dem Totenlager niedergelassen, verweigerte jede Nahrung und starb an Kummer über den Verlust seines Herrn.
Bevor wir den Platz verlassen, wollen wir noch einen Blick hinunter zum Kai werfen. Wo sich heute eine Grünanlage erstreckt, stand während der deutschen Okkupation das berüchtigte Hotel Metropol, das Hauptquartier der Geheimen Staatspolizei (Gestapo). Links am Rande des Parks kann man einige grobe Quader ausnehmen. Es ist ein Denkmal für jene, die in diesem Gebäude seelisch und körperlich gefoltert wurden. Eine Vorladung ins Metropol war für die meisten gleichbedeutend mit Konzentrationslager oder Hinrichtung. Zu Kriegsende wurde das Gestapo-Hauptquartier dem Erdboden gleichgemacht; man hat die Fläche seither nicht mehr verbaut.
Wir gehen nun wieder zurück, bis wir zur Seitenstettengasse kommen.

Seitenstettengasse

Das Benediktinerstift Seitenstetten besaß und besitzt hier auch heute noch Grund. Das große Gebäude, das zum Franz-Josefs-Kai hinuntergeht, heißt auch Seitenstettnerhof. Daher kommt der Name der Straße, obwohl ich manchmal das Gefühl habe, sie sollte eher Kornhäuselstraße heißen, da der Großteil der angrenzenden Häuser von dem Architekten Joseph Kornhäusel in den 20er-Jahren des 19. Jahrhunderts gebaut wurde. Zwei von ihnen sind von besonderem Interesse: die Synagoge und der Kornhäuselturm. Beide sind von der Straße aus nicht sichtbar und beide werden seit dem Terroristenanschlag vom 29. August 1982 von der Polizei bewacht.

Den Turm habe ich bereits erwähnt (siehe S. 82). Von seinem Dach aus hat der Schriftsteller Adalbert Stifter eine Sonnenfinsternis beobachtet und beschrieben. An der Außenwand des Hauses (Seitenstettengasse 2) befindet sich auch eine Tafel, die an Stifters Aufenthalt in diesem Gebäude erinnert.

Seitenstettengasse Nr. 4 ist das zweite wichtige Gebäude in dieser Straße: die Synagoge. Auch sie stammt von Kornhäusel und musste auf Grund der damaligen Bestimmungen (ein jüdisches Gotteshaus durfte von der Straße her nicht sichtbar sein) so gebaut werden, dass sie nur vom Hof aus zugänglich war. Dieser Tempel besteht bereits seit 175 Jahren. In der »Reichskristallnacht«, der Nacht vom 9. November 1938, als die Nationalsozialisten die meisten jüdischen Gebetshäuser, Tempel und Synagogen sprengten, in Geschäfte und Privatwohnungen eindrangen, plünderten und brandschatzten, wurde auch die Synagoge beschädigt, aber nicht ganz vernichtet, da dies eine Gefährdung der Umgebung bedeutet hätte.

Wir gehen die Straße hinunter zum Rabensteig, in den wir rechts einbiegen, und dann sogleich wieder links. Die kurze Gasse hier heißt, obwohl sie im rechten Winkel in die Rotenturmstraße mündet, auch Rotenturmstraße. Die Wiener, die sonst selten verlegen sind, wenn es zu Straßenbenennungen kommt, scheinen hier etwas fantasielos gewesen zu sein.

Wir überqueren die andere, größere Rotenturmstraße, wenden uns nach links und nach ein paar Schritten sind wir am Anfang der Griechengasse.

Griechengasse

Ein sehr altes Gässchen ist es, in das wir uns da begeben. Wir sehen, wenn wir ans Ende blicken, ein eigenartig mittelalterliches Gewirr von Dächern. Darunter befindet sich auch – und man kann es von hier aus am besten sehen – Wiens ältestes Wohnhaus: ein gotischer Wohnturm. Ursprünglich war er einer der Wachtürme der alten Stadtmauer, wurde jedoch später als Wohnbau benützt. Sein schräges Dach ist bereits auf der ältesten Stadtansicht von Wien (Babenberger Stammbaum, Klosterneuburg) klar zu erkennen, und da diese Ansicht aus dem Jahr 1483 stammt, ist der Turm offensichtlich wesentlich älter. In der Erstausgabe meines Buches war diese enge Gasse eher düster. Ich habe es auch vermieden, auf die damals nichtssagenden Bauten rechts hinzuweisen, und wollte den Blick des Spaziergängers hauptsächlich auf das hübsche Ensemble mit dem gotischen Wohnturm am anderen Ende lenken. Seither ist viel geschehen. Heute ist es das Haus Nr. 4, das zum Hauptblickfang geworden ist. Fast hätte man es abgerissen, da es in seiner damaligen Gestalt nicht erhaltungswürdig schien. Umso größer war die Überraschung, als bei Freilegung eines Teils der Fassade immer klarer wurde, was der hässliche Verputz all die Jahre verborgen hatte: den »Steyrerhof«. Wir wissen, dass Ulrich von Steyr 1412 hier ein Haus erworben hat und es nach ihm benannt wurde.

Durch diese Wiederentdeckung ist die ganze Gasse wie verwandelt. Da die Farben der Originalbemalung entsprechen, kann man sich vorstellen, was für eine bunte Stadt Wien einst gewesen ist. Vom 13. bis zum 17. Jahrhundert sind alle Baustile vertreten. Gleich anschließend an das Eckhaus (Griechengasse 2) erkennt man die Umrisse des mittelalterlichen Turms, der wahrscheinlich ein Teil der Stadtbefestigung war. Die erstaunlich dekorativen Fenster in den anschließenden Fassaden zeugen von Wohlstand und tatsächlich war der Steyrerhof im 16. Jahrhundert ein

Steyrerhof in der Griechengasse

eleganter Gasthof geworden, in dem noble Reisende abstiegen. Er eignete sich aber auch zu anderen Zwecken, etwa zu jener Feier der Offiziere eines Regimentes, das 1595 verabschiedet wurde. Während sich im ersten Stock ein regelrechtes Gelage abspielte, versammelten sich auf der Straße die einfachen Soldaten, die vermuteten, dass dort oben ihr hart verdienter Sold versoffen wurde. Die Zecher hatten den Lärm bereits gehört und sich eiligst eingeschlossen, aber die Situation wurde gefährlich. Unten drohten die Soldaten, das Tor zu zertrümmern, worauf oben aus den Fenstern geschossen wurde. Da begannen die Kirchenglocken Sturm zu läuten. Die Bürgermiliz versammelte sich eiligst und nach einem kurzen Gefecht gelang es, die aufgebrachten Landsknechte auseinander zu treiben. Ja, dass es nicht immer friedlich zuging in Wien, lassen die so genannten »Spione« links und rechts neben dem Fenster oberhalb des Tores vermuten, da man sich lieber erst vergewissern wollte, wer da Einlass begehrte, ehe man das Tor öffnete. Das Datum 1611 weiter vorne weist auf die letzte Bauphase dieses Komplexes hin.

Beeindruckt vom »Steyrerhof« rechts hätte ich fast vergessen, das »Küssdenpfennig-Haus« zu erwähnen. Es befand sich, wo heute Haus Nr. 3 steht, und verdankte seinen Namen folgender Legende: Der Wirt des Gasthauses »Zum schwarzen Adler« war ein Geizhals, der Geld über alles liebte. Eines Nachts kam sehr spät ein Fremder in den Gasthof. Der Wirt wollte ihn abweisen, denn er sah eher wie ein mittelloser Student aus, aber er ließ sich überreden, als der Mann ihm versprach, gut zu bezahlen, wenn er bleiben könnte.

Wie sich herausstellte, blieb er nicht bloß eine Nacht, sondern es verstrich ein Tag nach dem anderen und noch immer wohnte der Fremde im Gasthof. Der Wirt war nun doch besorgt, ob er wohl je sein Geld zu sehen bekommen werde, und eines Tages hielt er es nicht mehr aus und klopfte an die Zimmertür des Gastes. Er müsse doch bitten, dass dieser ihm jetzt endlich bezahle. »Ich habe im Moment kein Geld bei mir«, sagte dieser. »Aber da hast du einen Pfennig. Den Rest gebe ich dir ein anderes Mal.« Damit reichte er dem Wirt einen Kupferpfennig. Der Wirt wurde zornig, warf die Münze geringschätzig auf den Bo-

Griechengasse

den und wollte die Wache holen. Der Gast lächelte und sagte ruhig: »Ich würde den Pfennig an deiner Stelle nicht einfach wegwerfen. Er ist viel wert.« Der Wirt bückte sich und hob den Pfennig auf und sah zu seiner Überraschung, dass dieser aus Gold war. »Das ist aber ein feiner Pfennig! Den küsse ich!«, rief er aus, als er merkte, dass das Geldstück viel mehr wert war, als ihm der Gast schuldete.

Die Geschichte von der Goldmünze sprach sich bald in der ganzen Stadt herum und das Wirtshaus war immer voll von Menschen, die diesen Wunderpfennig sehen und Näheres über jenen berühmten Doktor Paracelsus hören wollen, der im Gasthof gewohnt und damit sein Zimmer bezahlt hatte. Natürlich erzählte es sich am besten bei einem Glas Wein und so wurde der Wirt bald wohlhabend. Danach nannte er sein Wirtshaus »Zum Küssdenpfennig« und das Hauszeichen zeigte einen Mann, der eine goldene Münze küsst.

Jener als Paracelsus berühmt gewordene Gelehrte hieß eigentlich Theophrastus Bombastus von Hohenheim, war 1493 in der Schweiz geboren und starb 1541 in Salzburg. Er war Arzt, Chemiker, Alchemist und hatte angeblich ein Mittel gefunden, mit dem man jegliches Metall zu Gold machen konnte.

Nach so einer hübschen Legende ist es eher ernüchternd, zugeben zu müssen, dass es bereits viel früher, nämlich 1360, eine Familie von Wiener Fleischhauern gegeben hat, die Chussenphenninch hieß. Diese Familie besaß ein Haus – wahrscheinlich Nr. 3 – »nächst dem Roten Turm bei den Hafnern« und das Haus Nr. 3 trug bereits 1470 den Namen »Zum Kuechsenphennig«.

Gehen wir weiter. Links liegt die griechische Kirche und sodann erweitert sich die Straße zu einem Platz. Stiegen führen hinunter zum Donaukanal. Wir sind beim Hafnersteig, wo sich die Hafner und Töpfer niedergelassen hatten. Dieser Platz vor dem Haus Griechengasse Nr. 7 diente auch als Sammelplatz für die Bürgermiliz, sobald die Alarmglocke läutete.

Das Haus Nr. 7 ziert eine hübsche barocke Madonna über dem Tor, aber den gotischen Turm sieht man, wenn man davor steht, kaum. Auch wenn man hineingeht und durch die Glastür in den Hof schaut, kann man nur einen eher enttäuschenden Eindruck davon bekommen. Aber der Eingang selbst entschädigt einen. Da ist zum Beispiel der alte Brunnen, rechts vom Tor. Heute ist er nicht mehr in Gebrauch, aber bis 1976 hat er noch zumindest einen Teil der Bewohner mit Wasser versorgt. Daneben, an der Wand, befinden sich zwei Zeilen, die nach wie vor ein Rätsel sind. Während eine alte Bewohnerin des Hauses behauptete, die Hölzer wären von den Türken hier angebracht worden – wann und warum konnte sie nicht sagen –, hat sich auch ein Orientalist, Professor Arne A. Ambros, mit diesem Thema beschäftigt und kam zu dem Schluss, dass es sich um Bruchteile eines längeren arabischen Textes handelt, etwa einem Gedicht. Aber die Worte scheinen willkürlich zusammengefügt und ergeben keinen Sinn. Er vermutet, dass sie ein Orientreisender im 19. Jahrhundert als Souvenir mitbrachte und hier anbringen ließ.

Wenn wir aus dem Haus treten, windet sich die Griechengasse links zum Fleischmarkt und wird zusehends enger. Sie muss schon seit jeher für den Verkehr ein Problem dargestellt haben, denn die Prellsteine, die zum Schutz der Hauswände angebracht wurden, zeugen von Fuhrwerken, die Jahrhunderte hindurch versucht haben, sich durch diesen Flaschenhals durchzuzwängen. Außerdem kann man sich vorstellen, was sich hier abgespielt haben mag, wenn man die Verlautbarung vom 8. Mai 1912 liest, die am Eck angebracht ist:

»Fußgeher: Achtung auf das Fuhrwerk! Schritt fahren! Schwerfuhrwerkskutscher haben die Pferde am Zügel zu führen oder eine erwachsene Begleitperson zur Warnung der Fußgänger voranzuschicken.«

Nr. 9 an der Ecke ist bereits ein Teil des bekannten Restaurants »Griechenbeisl« (siehe nächste Seite). Die Griechen, nach denen sowohl die Gasse wie auch das Restaurant benannt ist, haben sich jedoch erst im 18. Jahrhundert hier angesiedelt.

Wir gehen nun hinaus auf den Fleischmarkt.

Fleischmarkt

Das erste Mal scheint er um 1220 auf. Hier hatten die Fleischhauer ihre Innung und im späten Mittelalter war es eine noble Gegend, in der sich die wohlhabenden Mitglieder der Zunft niederließen.

Nr. 11, gleich links, wenn wir aus der Griechengasse kommen, ist das berühmte »Griechenbeisl«. Ehe es aber diesen Namen erhielt, war es unter diversen Bezeichnungen bekannt. Einmal hieß es »Zum roten Dachl«, dann wieder »Zum goldenen Engel« und auch »Zum gelben Adler«. Es ist eines der ältesten Restaurants von Wien und geht auf das Jahr 1500 zurück. Wenn man in die Vorhalle hineingeht, kann man rechts an der Wand die Vorgeschichte dieser Gaststätte lesen. Weiter vorne links, beim Stiegenaufgang, sind drei Kanonenkugeln in die Mauer eingelassen. Auch ihre Geschichte wird erzählt. Außen am Haus weist eine Tafel darauf hin, dass sich hier der gotische Wohnturm befindet, was auch stimmt, aber durch den überdachten Hof des Restaurants sieht man ihn hier noch weniger als in der Griechengasse 7.

In diesem Gasthaus, als es »Zum roten Dachl« hieß, soll der Volkssänger und Dudelsackpfeifer Augustin verkehrt haben. Er verdiente sich sein Brot, indem er von Wirtshaus zu Wirtshaus ging und seine Lieder spielte und sang. Er muss sehr populär gewesen sein, denn man sprach nie anders von ihm als vom »lieben Augustin«. Er war auch nicht abgeneigt, mit seinen Zuhörern ein oder zwei Gläser Wein zu trinken, die man ihm zum Zeichen der Wertschätzung spendierte.

1679 suchte die Pest Wien heim. Es war nicht das erste Mal, bereits 1349 und 1364 hatte es ähnliche Epidemien gegeben. Man war praktisch dieser Geißel Gottes ausgeliefert. Hauptsächlich waren es die katastrophalen sanitären Zustände, die an der ungeheuren Verbreitung der Krankheit schuld waren. Aber auch die Heilmethoden der damaligen Ärzte trugen nicht gerade dazu bei, die Situation zu verbessern, wie folgender Auszug aus einem Rezept des be-

rühmten Pestarztes Dr. Sorbait (siehe S. 82) aus dem Jahr 1679 zeigt:
»Wenn die Geschwulst sich erhoben oder einen Schmertzen mit sich bringt, soll er ein im Sommer durch den Kopf (nicht durch den Bauch) gespiste Krotte mitzwischen in warmem Wasser erwichen und nach abgethanen Laßkopff mit dem Bauch auf die Pestbäule legen, so das Gift desto kräftiger wird an sich ziehen, doch wär besser, wenn solche Krotte vorher zu Pulver gestossen mit gelben Wax vermischt zu einem Pflasterzelten und aufgelegt wurde, weil man solches nicht nur bey einem, sondern gar an vielen Kranken kundte gebrauchen.«
So starben auch im Pestjahr 1679 die Menschen wie Fliegen, und kaum hatten sie den letzten Atemzug getan, warf man sie hinaus auf die Straße zum Schutz der im Haus noch Lebenden. In den Nachtstunden kamen dann die Totenträger, luden die Leichen auf einen Karren und fuhren damit aus der Stadt zu einem »Pestloch«: denn da sie zu Tausenden starben, hatte man weder Zeit noch Geld, jedem Einzelnen ein gebührendes Begräbnis zu geben. Man warf sie in eine große Grube und streute Kalk darüber.
Die Bewohner der viel geprüften Stadt suchten in den Wein- und Bierhäusern Zerstreuung. Da war der Sänger Augustin in seinem Element.
Eines Abends hatte er etwas mehr als sonst getrunken, und als die Sperrstunde kam, stolperte er hinaus auf die Straße, fiel hin und blieb auch gleich, vom Alkohol völlig benebelt, liegen.
Kurz darauf kamen die Totenkarren vorbei und die beiden Knechte, die Augustin für eine Pestleiche hielten, hoben ihn mit ihren langen Stangen auf und warfen ihn zu den Toten im Wagen. Augustin bemerkte es in seinem Rausch nicht einmal.
Als die Männer auf den Friedhof kamen, leerten sie ihre schaurige Ladung in die offene Grube, aber da sie müde waren, beschlossen sie den Kalk erst später darüber zu streuen und gingen davon.

Erst spät am nächsten Nachmittag kam Augustin zu sich. Er konnte sich nicht erklären, wo er hingeraten war. Als es ihm endlich klar wurde, begann er zu fluchen und um Hilfe zu rufen. Aber niemand kam, denn keiner hörte ihn. In seiner Verzweiflung erinnerte er sich seines Dudelsackes – und der war auch wirklich noch da. Es dauerte ein Weilchen, ehe es ihm gelang, ihn unter den Leichen hervorzuziehen, dann aber begann er, so laut er konnte, zu spielen. Und siehe da, man hörte ihn, man kannte diese unverkennbare Augustin-Melodie:

»O du lieber Augustin, Augustin, Augustin,
O du lieber Augustin, alles ist hin!«

Man lief zur Grube, warf ihm ein Seil zu und holte ihn heraus.
Es war zwar ein Wunder, dass man ihn fand, ehe die Totengräber den Kalk über die Leichen gestreut hatten, aber das noch größere Wunder war zweifellos die Tatsache, dass er trotz Kontakt mit den Pestleichen die Krankheit nicht bekam, sondern noch viele Jahre lebte und davon erzählen konnte.
Direkt vis-à-vis vom Griechenbeisl, Fleischmarkt Nr. 18, kann man in der Höhe des dritten Stocks eine etwas sonderbare Danksagung an Joseph II. finden:
»Vergänglich ist dies Haus, doch Josephs Nachruhm nie. Er gab uns Toleranz, Unsterblichkeit gab sie«, und in der Mitte prangt ein Relief des verehrten Kaisers.
Wir gehen nach links an der griechisch-orthodoxen Kirche vorbei und überqueren den Fleischmarkt. Kurz darauf kommen wir zu einem kleinen Gässchen, Wolfengasse, nach einem Gasthaus »Zum weißen Wolf« benannt, und nur ein paar Schritte weiter zu einem zweiten, das sich ebenfalls bestialisch anhört: »Drachengasse«; dieser Drache war jedoch nicht so wild, wie er klingt. Der Name stammt von einem gewissen Johann Martin Drach, einem Stadtrat des Jahres 1660, dessen Hauszeichen verständlicherweise einen Drachen zeigte.

Rechts um die Ecke ist die Postgasse, von der – wieder rechts – kurz darauf die Schönlaterngasse ihren Anfang nimmt.

Otto Wagners Postsparkasse

Wenn Sie sich für die Architektur der Jahrhundertwende interessieren, werden Sie hier vielleicht einen kleinen Abstecher zu Otto Wagners bahnbrechender Postsparkasse machen wollen. Wenn nicht, überspringen Sie diesen Teil und gehen Sie direkt in die Schönlaterngasse.
Es ist etwas umständlich, von hier aus zur Postsparkasse zu gelangen: man biegt links vom Fleischmarkt in die Postgasse, geht vor bis zum Auwinkel, dann rechts bis zur Dominikanerbastei. Diese Straße überquert man. Die nächste Gasse ist die Wiesingerstraße. Hier befinden wir uns bereits an der Seitenwand der Postsparkasse, die einen ganzen Block einnimmt.
Dieses zwischen 1904 und 1912 entstandene Gebäude ist eines des besten Beispiele eines sorgfältig geplanten, funktionellen Bürohauses. Bereits hier an der Seite kann man eine der sensationellen Neuerungen Otto Wagners bewundern: Für die Fassade hatte er dünne Marmorplatten verwendet, die mit Bolzen befestigt waren. Diese Bolzen stellten jedoch gleichzeitig den Fassadenschmuck dar. Auch für die anderen Ornamente am Bau verwendete Wagner ein für jene Zeit unübliches Material, nämlich Aluminium.
An der nächsten Ecke (Biberstraße) schwenkt man rechts und steht bald darauf vor dem Haupteingang der Postsparkasse am Cochplatz.
Wenn man diesen Prototyp der modernen Architektur entsprechend gewürdigt hat, sollte man dem Bau kurz den Rücken kehren und in Richtung Ring blicken. Dort steht das protzige, noch völlig im Historismus befangene Kriegsministerium, das fast zur selben Zeit entstanden ist. Ver-

Die Postsparkasse

gleicht man die beiden Gebäude, kann man erst so richtig ermessen, wie weit sich Wagner von dem Stil seiner Zeitgenossen entfernt hatte (siehe auch S. 229).
Sollte die Bank geöffnet sein, würde ich Ihnen auch raten, einen Blick ins Innere zu machen, denn Otto Wagner hat auch jede Einzelheit der Innenarchitektur entworfen. Vieles davon ist noch erhalten und die große Kassenhalle ist einmalig in ihrer einfachen und eleganten Funktionalität.
Aus der Postsparkasse kommend gehen wir rechts um das Gebäude zur Rosenbursengasse, überqueren wieder die Dominikanerbastei und gehen sodann die Barbaragasse hinauf. Auch hier ist es interessant, die Architektur des soeben gese-

henen Bauwerks mit den eher überladenen Jahrhundertwendehäusern zu vergleichen, die uns hier umgeben.
Die Barbaragasse führt uns zurück zur Postgasse; wir gehen diese nach rechts und ein paar Schritte weiter wieder nach links, wo wir in die Schönlaterngasse einbiegen.

Schönlaterngasse

Die schöne Laterne, beziehungsweise eine Kopie des Originals, das im Historischen Museum der Stadt Wien hängt, kann man noch am Haus Nr. 6 bewundern. Hier jedoch, am Anfang der Gasse, erhält unsere Wanderung einen makabren Beigeschmack. Nr. 13 war bekannt als das »Totendoktorhaus«. Im 15. Jahrhundert lebte hier einer der Rektoren der damals nahe gelegenen Universität. Urssenbeck soll einer der besten Diagnostiker seiner Zeit gewesen sein, ja gerade deswegen verdächtigte man ihn, dass er mit dem Teufel im Bund sei. Dieser Verdacht steigerte sich nur noch, als es ihm gelang, das Leben des Grafen Auersperg zu retten, den man bereits tot glaubte. Und als Urssenbeck selbst kurz darauf starb, hieß es, er hätte sein Leben für das des Grafen eingesetzt.
Auf Nr. 9 ist das literarische Quartier »Die alte Schmiede« beheimatet. Die Schmiede selbst mit dem Amboss, den Hämmern, ja sogar den Nägeln, kann man noch durch die Fenster links im Hof des Hauses Nr. 9 sehen.
Das Nebenhaus, Nr. 7, ist das berühmte Basiliskenhaus, wo man im Jahre 1212 ein schreckliches Ungeheuer im Hausbrunnen fand. Die Sage spricht sogar von einem genauen Datum: es war der 26. Juni. Hier wohnte ein Bäcker und es war sein Lehrbub, der, als er am Morgen Wasser holen sollte, einen furchtbaren Gestank im Ziehbrunnen bemerkte. Bald hatte sich auf der Straße eine Menschenmenge angesammelt, unter ihnen auch ein Gelehrter, der erklärte, es handle sich um einen Basilisken, eine Kreuzung zwischen einer Kröte und einem Hahn.

Schönlaterngasse

Dieses Monstrum saß nun im Brunnen und verunreinigte das Wasser. Der Bäckerbub erklärte sich bereit, hinunterzusteigen, man riet ihm aber, das Scheusal nicht anzusehen, er könnte von seinem Blick zu Stein verwandelt werden. So nahm er einen Spiegel mit, als man ihn mit einem Seil hinunterließ. Als der Basilisk sein eigenes, hässliches Antlitz im Spiegel sah, erstarrte er zu Stein. Das Resultat kann man an der Fassade oben bewundern. Hier befindet sich auch ein Fresko, das die mutige Tat des Bäckerbuben darstellt.

Gegenüber, auf Nr. 6, befindet sich eine Kopie der schönen

Laterne und Nr. 4 ist mit einem bezaubernden Erker geschmückt. Hier und an den angrenzenden Fenstern zeigten sich vormals hübsche Damen, die mit ihren Reizen nicht geizten, und vielleicht leuchtete auch die schöne Laterne in einem roten Licht?

Heiligenkreuzerhof

Ein großes grünes Tor führt von der Schönlaterngasse in den Hof. Hier herrscht Ruhe und Abgeschiedenheit, was an den klösterlichen Ursprung erinnert. Die Häuser, die den Hof umgeben, gehören seit Anfang des 13. Jahrhunderts dem Zisterzienserstift Heiligenkreuz (südlich von Wien), aber die Fundamente sind noch älter, in einem der Keller befindet sich ein Gewölbe, das etwa 1170 erbaut wurde.
Im Hof rechts hat man einen Teil des Verputzes abgekratzt und darunter Ziegel einer Mauer aus der Zeit der Babenberger freigelegt.
Die Häuser – wie sie sich uns heute präsentieren – stammen aus der Mitte des 17. und Anfang des 18. Jahrhunderts; sie sind übrigens die ältesten Zinshäuser Wiens.
Die wunderhübsche kleine St.-Bernhards-Kapelle, die links in den Gebäudekomplex eingebaut ist, besitzt ein Altarbild von Martin Altomonte und ist überhaupt ein barockes Juwel. Leider ist sie meist geschlossen, außer wenn gerade eine Hochzeit abgehalten wird.
Den Zugang zum Prälatengarten muss einst ein schönes, wahrscheinlich schmiedeeisernes Tor gebildet haben. Heute sieht man nur noch den steinernen Torbogen, der einen besonders hübschen Rahmen für Freilichtaufführungen bietet und als solcher bereits öfters verwendet wurde.

Heiligenkreuzerhof

Sonnenfelsgasse

Wir verlassen den Heiligenkreuzerhof am anderen Ende und dieser Ausgang bringt uns in die Grashofgasse – ein Gebäude namens Grashof kann man bis ins Jahr 1337 zurückverfolgen –, von wo wir nach ein paar Schritten in die Köllnerhofgasse gelangen. An dieser Ecke sollte man einen Blick nach rechts werfen, um kurz das Haus Fleischmarkt Nr. 1, das Werk des Architekten Arthur Baron, zu bewundern, ehe wir nach links in die Köllnerhofgasse einbiegen. Die Köllnerhofgasse war einst das Zentrum der Kaufleute vom Rhein und ein Gasthof, wo sie abstiegen, wird bereits im 13. Jahrhundert erwähnt: der Köllnerhof.
Bald mündet die Gasse in die Sonnenfelsgasse, die nach einem Berater Maria Theresias benannt ist. Sonnenfels war Rechtsanwalt, Schriftsteller und Gelehrter. Ihm ist es vor allem zu verdanken, dass unter der Regentin die Folter abgeschafft wurde. Er galt allgemein als einer der berühmtes-

ten Aufklärer seiner Zeit. Weil Sonnenfels jüdischer Abstammung war, wurde die Straße unter der nationalsozialistischen Herrschaft in Johann-Sebastian-Bach-Gasse umbenannt, erhielt aber ihren ursprünglichen Namen nach 1945 wieder.

Wir biegen links in die Sonnenfelsgasse ein und gleich auf Nr. 3 steht eines der schönsten Barockhäuser von Wien. Es ist unter der Bezeichnung »Hildebrandthaus« bekannt, denn obwohl das Haus aus dem 14. Jahrhundert oder 15. Jahrhundert stammt, wurde die Fassade im Stil des Johann Lukas von Hildebrandt im Jahre 1721 erneuert.

Einer von Wiens beliebten Weinkellern, der »Zwölfapostelkeller«, befindet sich hier.

Wir wandern die Straße weiter, vorbei an der Schönlaterngasse, bis wir zum Haus Nr. 19 kommen. Es ist das alte »Domus Universitatis«, wo das Verwaltungspersonal wie auch der Karzer der alten Universität, deren Spuren wir ein paar Schritte weiter begegnen werden, untergebracht waren. Die Universitätsarchive befanden sich ebenfalls in diesem Gebäude. Es hat einen glasüberdachten, hübschen Innenhof, den Sie sich nicht entgehen lassen sollten.

Dr.-Ignaz-Seipel-Platz

Da sind wir nun mitten in der akademischen Welt vergangener Zeiten. Auf der anderen Seite des Platzes stand die Alte Universität – die zweitälteste in Mitteleuropa –, gegründet von Herzog Rudolf IV., dem Stifter (siehe S. 25). Das heutige Gebäude auf diesem historischen Gelände wurde 1620 von den Jesuiten erbaut und es ist auch ihre Kirche, die den ganzen Platz beherrscht. Nachdem die Universität in ihr neues Domizil vis-à-vis (heute Akademie der Wissenschaften) übersiedelte, wurde das alte Haus vorübergehend als Quartier der Wiener Sängerknaben verwendet und Schubert hat hier einige Zeit als einer von ihnen

verbracht. Angeblich ist er auf Grund seiner mangelnden Mathematikkenntnisse frühzeitig ausgeschieden.
Zur Zeit der Recherchen für diese Neuausgabe wurde die Alte Universität gerade renoviert. Ich möchte aber zumindest darauf hinweisen, dass das Gebäude – Eingang Bäckerstraße 20 – Wiens ältesten Theatersaal mit einem Deckenfresko aus dem Anfang des 18. Jahrhunderts aufzuweisen hat, der hoffentlich in absehbarer Zeit wieder in Verwendung kommen wird.
Vor der großen jesuitischen Gegenreformation stand dort, wo heute die Kirche steht, ein Studentenheim. Es hieß »Bursa agni« und das Hauszeichen war ein Lamm. Böse Zungen nannten es »das Haus mit dem falschen Namen«, da die hier wohnenden Studenten alles eher als fromme Lämmer waren. Überhaupt genossen die Studenten damals keinen guten Ruf, wie man in einem Brief von Äneas Silvius Piccolomini aus dem Jahre 1438 ersehen kann:
»Übrigens frönen die Studenten dem Vergnügen und haben nur Sinn für Wein und gutes Essen. Freilich stehen sie unter keiner Zensur. Bei Tag und Nacht streifen sie umher und verursachen den Bürgern großen Verdruss. Dazu lenkt noch die Begehrlichkeit der Weiber ihren Sinn ab.«
Die Jesuiten rissen die Bursa wie auch weitere fünf Häuser nieder, um Platz für ihre prächtige Kirche zu schaffen. Obwohl die Universität bereits 1884 in das neue Gebäude am Ring übersiedelt ist, wird die Jesuitenkirche auch heute noch oft Universitätskirche genannt. Gehen wir kurz hinein, um die eigenartig gewundenen Säulen wie auch die Scheinkuppel zu bewundern. Am Fußboden des Mittelschiffes befindet sich ein Stein, der etwas heller ist als die anderen, und wenn man sich auf diesen Stein stellt und hinaufblickt, glaubt man tatsächlich, dass es eine Kuppel ist.
Vis-à-vis der Alten Universität befindet sich die Akademie der Wissenschaften. Sie wurde ursprünglich als Erweiterung der Universität erbaut, da diese die große Anzahl der Studenten nicht mehr unterzubringen vermochte. Die Aula

der Akademie besitzt ein schönes Deckengemälde von Gregorio Guglielmi (1755), das leider bei einem Brand im Jahre 1961 schwer beschädigt, aber seither restauriert worden ist. Dieser Saal wird immer noch für akademische Feiern benützt.

Hier hat Haydn einer Aufführung seiner »Schöpfung« beigewohnt. Er war damals bereits ein sehr alter Mann und es sollte sein letztes öffentliches Erscheinen sein. Als das Publikum sich nach der Aufführung um den greisen Meister scharte, um ihm zu gratulieren, war darunter auch ein etwas untersetzter junger Mann mit wirrem Haar. Dieser kniete vor Haydn nieder und küsste ehrfurchtsvoll seine Hand. Haydn soll die Hand auf das Haupt des jungen Musikers gelegt und gesagt haben: »Was ich begann, wird er vollenden.« Es war ein prophetisches Wort, denn der junge Musiker war Beethoven.

Der Platz hat etwas Theatralisches und das haben auch schon die Jesuiten erkannt, die ihn des Öfteren für Freilichtaufführungen verwendet haben. Auch im 20. Jahrhundert hat man diese Tradition wiederbelebt, jedoch blieb es bei einigen wenigen Aufführungen.

Bäckerstraße

Auf der anderen Seite der Akademie der Wissenschaften kommen wir in die Bäckerstraße. Man nimmt zwar an, dass der Name irgendwann mit dem Bäckergewerbe zu tun hatte, jedoch hat man bis heute darüber keine Aufzeichnungen finden können. Das erste Haus links (Nr. 16) war einst eine berühmte Studentenmensa. Es war eine gewisse Barbara Roman, die auf den Gedanken kam, die Reste der kaiserlichen Hofküche billig an Studenten weiterzuverkaufen. Sie nannte ihr Gasthaus »Schmauswaberl« – Waberl war eine Koseform für Barbara –, und es fanden sich bald wegen der allgemeinen Beliebtheit viele Nachahmer, das

bekannteste jedoch war jenes in der Bäckerstraße. Heute merkt man von dieser Vergangenheit recht wenig, aber das Haus ist hübsch renoviert worden, wenn auch der prächtige Hof als Kinderkletterschule etwas befremdend wirkt.
1978 hat man während der Restaurierungsarbeiten ein bezauberndes Hauszeichen am Haus Nr. 12 gefunden. »Wo die Kuh am Brett spielt« hieß dieses Haus. Man sieht eine bebrillte Kuh, die mit einem Wolf am Brett spielt. Leider verdeckt der später angebaute Vorbau einen Großteil des Wolfes, man kann gerade noch seine Schnauze sehen.
Es muss einerseits mehrere Häuser mit einem ähnlichen Namen gegeben haben, so zum Beispiel in der Wallnerstraße, und außerdem muss das Bild etwas ausführlicher gewesen sein, denn so haben die Wiener im 17. beziehungsweise 18. Jahrhundert dieses Hauszeichen beschrieben:
Der Wolf (oder Fuchs) sagt zur Kuh: »Ich wirf darein, Dein Haut g'hert mein.« Die Kuh antwortet: »Pral nicht so g'schwind im Spielen! Dein Unglück kannst bald fühlen.« Zwischen ihnen steht ein Kürschner mit einer Fliegenklatsche, der eine abwartende Stellung einnimmt: »Ich wehr, und leucht', erwart die Zeit; Wie sich wird enden Euer Streit.« Die erwähnte Inschrift spricht auch noch von einem Jäger und seinem Hund, die aber beide in dem heute sichtbaren Fresko nicht mehr aufscheinen. Die Fliege neben dem Kopf der Kuh kann man jedoch noch deutlich erkennen.
Das scheint auf den ersten Blick eine harmlose Fabel, hatte aber eine tiefere Bedeutung: Es war ein beißender Spott, der sich auf den Streit zwischen den Protestanten und Katholiken im 17. Jahrhundert bezog. Die Kuh stellt die Katholiken dar, der Wolf die Protestanten, der Kürschner sowie der Jäger und sein Hund symbolisieren die gierigen Stadträte und Rechtsanwälte, die nur warteten, um sich auf die Seite des Gewinners zu schlagen, während die Fliege die Geistlichkeit zeigt, die eher hilflos dem Spiel der beiden zusieht.
Direkt vis-à-vis zweigt rechts eine kleine Gasse ab, die

»Wo die Kuh am Brett spielt«

Windhaaggasse. Sie ist nach Enzmüller Baron Windhaag benannt, der eine prominente Persönlichkeit während der Gegenreformation war. Er soll selbst nicht weniger als 40 000 Protestanten zu konvertieren gezwungen haben. Die Angehörigen dieser Religion hatten wenig Grund, ihn zu lieben, und verbreiteten eine grausige Geschichte, nach der die Mutter Enzmüllers einst mitten in der Nacht über einen Friedhof gegangen sei. Da sei ihr plötzlich ein Skelett auf den Rücken gesprungen und hätte sie gezwungen, es huckepack zu ihrem Haus (Bäckerstraße Nr. 9) zu tragen. Dort sei es verschwunden, aber nach neun Monaten kam Enzmüller zur Welt.

Es gab hiezu auch eine katholische Version dieser Legende: demnach stimmte es wohl, dass die Frau ein Skelett huckepack zu ihrem Haus getragen habe, aber sie hätte es getan, um eine arme Seele zu erlösen. Wie dem auch sei, Nr. 9 hieß seit damals das »Huckepackhaus«. Hier war auch die Windhaagsche Stiftung untergebracht. Das alte Haus wurde 1944 von einer Bombe stark beschädigt, ist aber inzwischen wieder renoviert worden.

Madonna am Haus Bäckerstraße 2

Wir kommen nun zu einem Haus, das, zumindest meiner Meinung nach, den hübschesten Hof von ganz Wien besitzt. Es ist Nr. 7, und hier befindet sich der einzige noch gut erhaltene Renaissancehof der Stadt. Besonders reizvoll ist er, wenn die Madonnenstatue im Sommer von Weinlaub und Veitschi umrankt ist. Rechts ist noch der alte Stall, wo man die Pferde gefüttert und getränkt hat. Wenn hier nicht manchmal Autos stünden, könnte man sich in das 16. Jahrhundert zurückversetzt meinen. Die Arkaden sind oben zum Teil zugemauert worden, aber im ersten Stock sind am Balkon herrliche Exemplare der Schmiedeei-

senkunst, aus der Sammlung des Biedermeiermalers Friedrich Amerling, zu sehen.
Man wäre versucht, sich hier länger aufzuhalten, aber es gibt noch einiges zu sehen, also verlassen wir diese idyllische Stätte und gehen die Bäckerstraße weiter hinunter. Am Haus Nr. 2 prangt eine barocke Madonna. Aber auch sein Hof ist interessant. In diesem typischen Pawlatschenhof mit seinem alten Prellstein ist in der noch deutlich zu erkennenden Wagenremise ein Geschäft untergebracht. Ein Beispiel einer geglückten Renovierung, wie mir scheint. Nun sind wir auch schon beim Lugeck.

Lugeck

Ecke Bäckerstraße und Lugeck gab es einst den berühmten Regensburgerhof, ein Gasthof, in dem die Kaufleute aus Bayern abstiegen, wenn sie in Wien waren. Im späten 19. Jahrhundert hat man ihn abgerissen, der Architekt jedoch, der mit dem Neubau betraut worden war, versuchte eine historisch getreue Nachahmung des alten Regensburgerhofes herzustellen. Auch die beiden Büsten, ein Mann und eine Frau, die nach etwas ausspähen (auslugen), sind noch unter den Runderkern zu sehen. Man sagt, es sind die Eltern eines »verlorenen Sohnes«, die auf seine Heimkehr warten.
Vom Lugeck hört man erstmals im Jahre 1275. Der Name lässt vermuten, dass es sich um einen Lug-ins-Land, also einen Wachturm gehandelt haben mag, aber man hat keinerlei Beweis von der Existenz eines solchen Turmes finden können.
Heute steht die Statue des Erfinders des Buchdrucks, Johannes Gutenberg, an dem Platz, wo einst ein großes Loch gewesen sein muss. Wir kennen es von Hirschvogels Plan von Wien aus dem Jahr 1547, wo es als »Marcus Curtius Loch« aufscheint. Laut einer römischen Legende war Mar-

cus Curtius ein Jüngling, der sich, um Rom zu retten, in eine am Forum entstandene Schlucht stürzte, worauf sich die Schlucht wieder schloss.

Bis zum heutigen Tag ist nicht geklärt worden, was dieses Loch eigentlich war. Vermutet wird unter anderem: a) ein Brunnen, b) eine Glockengießerei, c) ein Lüftungsschacht der Katakomben, c) eine Richtstätte oder e) eine Freistatt. Eine Version behauptet sogar, dass es sich überhaupt nur um einen Studentenscherz gehandelt habe und keinerlei Zweck diente.

Wir gehen weiter in Richtung Rotenturmstraße. Lugeck Nr. 6 ist der Federlhof. Er war eines der prunkvollsten Häuser Wiens und gehörte 1591 einem Wiener Kaufmann namens Georg Federl. Angeblich soll hier Philippine Welser gewohnt haben. Sie war die Tochter eines bekannten deutschen Bankiers und heiratete Erzherzog Ferdinand (1557) – eine unerhörte Mesalliance in der damaligen Zeit; seine Nachkommen waren deswegen auch von der Erbfolge ausgeschlossen. Das Haus hat aber auch noch andere berühmte Gäste beherbergt wie etwa Paracelsus, Wallenstein und Leibniz.

Geht man hinein, findet man gleich links vom Tor ein Relief der Jungfrau Maria aus dem 17. Jahrhundert. Diesem gegenüber sind Reste eines Renaissanceportals aus dem Jahr 1497 in die Mauer eingelassen.

Wir gehen nun zurück gegen die Bäckerstraße. Rechts, auf Nr. 5, ist ein Durchgang zur Wollzeile. Dieser hat einen sonderbaren Namen. Er heißt »Schmeckender-Wurm-Hof«.

Auch hier gibt es zwei Auslegungen des seltsamen Namens. Die erste und offensichtlich ältere der beiden behauptet, es sei hier in einem Keller ein Drachen – oder »Wurm«, wie ihn die Wiener nannten – gewesen. Dieses Ungetüm verbreitete einen grauenhaften Gestank und was wäre nahe liegender, als den daran grenzenden Hof nach diesem »schmeckenden« (wienerisch für riechen) Wurm zu benennen.

Die zweite Geschichte ist viel charmanter. Gegen Ende des 17. Jahrhunderts wohnte hier ein Taschner namens Schmiedhuber. Er besaß eine Tochter, die er Salome nannte. Die Wohnung der beiden befand sich oberhalb des Taschnergeschäftes, das als Zunftzeichen einen Alligator über dem Eingang hängen hatte.
Ein junger Student, der das Fräulein Salome verehrte, war eines Abends gekommen, um ihr einen Blumenstrauß zu überreichen. Lang stand er unter ihrem Fenster und hoffte, sie würde sich zeigen. Sie ließ ihn warten, und als sie endlich ans Fenster kam, warf er ihr die Blumen zu. Das hartherzige Mädchen ließ sie aber fallen und so landeten sie zwischen den Krallen des ausländischen »Wurmes«. Als am nächsten Morgen die Leute vorbeikamen, lachten sie über das Ungetüm, das so hingebungsvoll an den Blumen roch.
Wenn Sie nun durch den Hof gehen, kommen Sie in die Wollzeile, wo Sie fast gegenüber ein weiteres Durchhaus zurück zum Stephansplatz bringt.

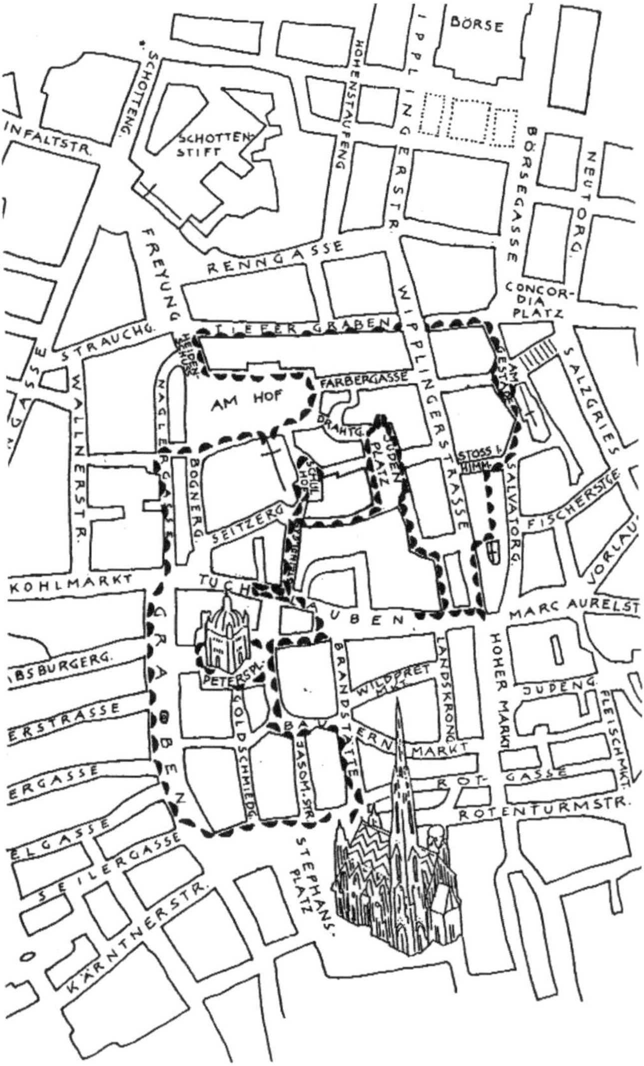
BÖRSE
SCHOTTENG.
SCHOTTEN STIFT
HOHENSTAUFENG.
WIPPLINGERSTR.
BÖRSEGASSE
NEUTORG.
RENNGASSE
FREYUNG
CONCORDIA PLATZ
TIEFER GRABEN
STRAUCHG.
FARBERGASSE
AM HOF
AM GESTADE
SALZGRIES
DRAHTG.
JUDEN PLATZ
WIPPLINGERSTRASSE
NAGLERGASSE
WALLNERSTR.
BOGNERG.
SCHUL HOF
STOSS I. HIMM.
SALVATORG.
FISCHERSTGE
SEITZERG.
KOHLMARKT
TUCHLAUBEN
MARC AURELST
PETERSPL.
BRANDSTÄTTE
LANDSKRONG.
HOHER MARKT
JUDENG.
FLEISCHMKT.
WILDPRET MKT.
GRABEN
GOLDSCHMIEDG.
BAUERNMARKT
JASOM. STR.
ROT-GASSE
ROTENTURMSTR.
STEPHANSPLATZ
SEILERGASSE
KÄRNTNERSTR.

VIERTE TOUR

Brandstätte
Bauernmarkt
Freisingergasse
Petersplatz
Jungferngasse
Kühfußgasse
Tuchlauben (1)
Steindlgasse
Schulhof
Kurrentgasse
Judenplatz
Tuchlauben (2)
Wipplingerstraße
Stoß im Himmel
Maria am Gestade
Schwertgasse
Tiefer Graben
Am Hof
Irisgasse
Naglergasse

Brandstätte

Es ist wieder günstig, vor dem Haupteingang der Stephanskirche anzufangen. Vis-à-vis geht vom Stephansplatz eine kleine Straße ab, die Jasomirgottstraße. Der Name bezieht sich auf den Babenbergerherzog Heinrich II., der seine Worte damit bekräftigte, dass er »Ja, so mir Gott helfe« dazufügte. Wir gehen aber nicht in diese Straße hinein, sondern nach rechts zur Brandstätte.

Dem Namen nach könnte man auf eine Feuersbrunst schließen. Früher nahm man an, es sei jene gewesen, die einen Großteil der Stadt im Jahr 1276 eingeäschert hat. In jüngster Zeit vermutet man eher den Brand von 1327. Wie dem auch sei, die Straße hat mittlerweile ihrem Namen alle Ehre gemacht, seit dem Flammenmeer, das hier im April 1945 wütete. Ein ganzes Jahr lang war die Brandstätte für den Verkehr gesperrt, ehe man die schwarzen Ruinen entfernt hatte und wieder gefahrlos vorbeigehen konnte.

Bis ins späte 15. Jahrhundert war hier ein offener Platz, wo alljährlich am Faschingsdienstag Turniere abgehalten wurden. Den Rest des Jahres befanden sich hier Marktbuden, aber auch Wechselbänke (Vorgänger unserer Banken).

Wir gehen die Brandstätte entlang bis zum Bauernmarkt. Ehe wir hier aber nach links abbiegen, bleiben wir kurz stehen, um uns das Zacherlhaus vis-à-vis anzusehen. Das große Gebäude rechts (Brandstätte Nr. 6) stammt von dem Otto-Wagner-Schüler Josef Plečnik, die überlebensgroße Figur des heiligen Michael an der Fassade von Ferdinand Andri, einem Secessionsmitglied.

Bauernmarkt

Wie der Name unmissverständlich ausdrückt, war hier der Gemüse- und Obstmarkt bis ins 18. Jahrhundert. Eine Zeit lang hieß die Gegend auch »Hühnerlücke«, weil auch

Geflügel feilgeboten wurde. Hier konnte man überdies eine Spezialität kaufen, die uns heute eher sonderbar anmutet, damals aber äußerst populär war: altes Backwerk.
Wir gehen links in den Bauernmarkt hinein und vor bis zur Freisingergasse, in die wir rechts einbiegen.

Freisingergasse

Sie ist nach dem Bischof Otto von Freising benannt, der Mitte des 12. Jahrhunderts Ecke Graben und Freisingergasse ein großes Haus erbauen ließ.
Das Eckhaus Bauernmarkt und Freisingergasse (Nr. 4) gehörte dem mächtigen »Kriegsfaktor und Hofjuden« Samuel Oppenheimer. Hier spielte sich eine schreckliche Tragödie ab: Ein reicher Mann wurde ohne sein Verschulden ausgeraubt und in den Ruin getrieben.
Oppenheimer war der Hofbankier des Kaisers Leopold I. und finanzierte sämtliche Feldzüge des Prinzen Eugen. Er war auch ein äußerst gebildeter Mann und besaß eine einmalige und sehr wertvolle Bibliothek, deren Reste heute einen Teil der Bodleian Library in Oxford bilden. Das ganze Unglück begann am Morgen des 22. Juli 1799, als zwei Rauchfangkehrer – Italiener, wie die meisten Angehörigen dieser Zunft damals – vor der Schenke »Zum Rauchfangkehrer« saßen und sich mit einem Spielchen »alla mora« die Zeit vertrieben. Während des Spieles wurde eifrigst gestikuliert und laut gestritten. Der Portier im Hause Oppenheimer gegenüber beobachtete sie und begann über sie zu lachen, ja wahrscheinlich hat er sie auch verspottet. Darüber wurden die beiden Rauchfangkehrer wütend und es entspann sich ein hitziges Wortgefecht.
Bald kamen vom nahen Marktplatz Leute, die wissen wollten, was denn los sei. Es drängten immer mehr Menschen herbei und der Großteil nahm für die Rauchfangkehrer Partei. Es dauerte nicht lange, da wurde bereits über die Ju-

den im Allgemeinen und die reichen Juden im Besonderen geschimpft. Schon flogen die ersten Eier, vom Markt eiligst herbeigeschafft, gegen die Fenster des Oppenheimer-Hauses. Aber dabei blieb es nicht. Die Menge steigerte sich immer mehr in Wut, und ehe noch die Miliz einschreiten konnte, hatte man das große Tor gestürmt und war ins Haus eingedrungen. Sofort begann das Plündern. Bücher, Silber, ja jegliche Art von Hausrat wurde durch die Fenster auf die Straße geworfen. Als die Miliz endlich erschien, konnte sie die Meute nur mit Waffengewalt auseinander treiben. Es wurde geschossen und nicht wenige Menschen wurden dabei verletzt.

Abends begann der Aufruhr von neuem und legte sich erst wieder, als Prinz Eugen befahl, man sollte große Kanonen vor dem Oppenheimer-Haus aufstellen.

Die Anführer wurden festgenommen und an demselben Haus, das sie so völlig zerstört hatten, gehängt.

Oppenheimer jedoch hatte an einem einzigen Tag einen Schaden von über 100 000 Gulden erlitten. Sein Ruf und seine Finanzen hatten so sehr gelitten, dass er kurz darauf in Konkurs gehen musste. Sein Ruin jedoch wirkte sich auf Wiens wirtschaftliche Situation ganz allgemein und auf den Hof im Besonderen in hohem Maße und auf Jahre hinaus aus.

An der Fassade befindet sich ein Relief der Verkündigung. Es ist das erste Denkmal Wiens, das sich auf die Pest bezieht und um Schutz gegen die Seuche bittet.

Petersplatz

Wie bereits erwähnt gab es auch hier einen Markt. Der Dichter Wolfgang Schmelzl (1548) zählt folgende Waren auf, die hier angeboten wurden: Eier, Hühner, Gänse, Enten, fette Kapaune, rote Rüben, weiße Rüben, Rettich, Kohl, Kraut, Petersilie und Salat. Zur Zeit der zweiten Türkenbelagerung Wiens, als Nahrungsmittel knapp wurden, konnte man auch so genannte gespickte »Dachhasen« kaufen, was ein beschönigender Ausdruck für Katzen war. Solche Delikatessen konnten sich jedoch nur die reichsten Bürger leisten.

Am Petersplatz waren auch die »Stadtölerer« zu Hause. Sie verkauften das Öl für die Stadtbeleuchtung. Im Jahr 1688 hatte Leopold I. ein Gesetz herausgegeben, wonach alle Hausbesitzer täglich die ihnen von der Gemeinde zur Verfügung gestellten Laternen füllen mussten. Bis 1561 musste jeder Bürger, der nach Einbruch der Dunkelheit noch unterwegs war, sein eigenes Licht mittragen, meist war es eine Laterne. Die Adeligen hielten sich Läufer, die mit Windlichtern oder Fackeln vorauslaufen mussten. Kaiser Ferdinand I. verfügte, dass niemand ohne Licht ausgehen durfte, nachdem die »Bierglocke« von St. Stephan geläutet hatte. Diese Glocke hieß im Volksmund auch »Die Gurgelabschneiderin«, denn nachdem sie geläutet hatte, durfte weder Wein noch Bier mehr ausgeschenkt werden.

Gehen wir zuerst hinten um die Kirche. Nr. 10 ist ein schönes altes Haus. Einst hieß es »Zum Bauerntanz«, eine grausige Erinnerung an die Bauernrevolte von 1595, deren Anführer Am Hof enthauptet wurden, während man vielen anderen Teilnehmern Ohren und Nasen abschnitt. Der Besitzer des Hauses am Petersplatz muss einen sonderbaren Humor gehabt haben, denn er wählte als Hauszeichen die Darstellung der verstümmelten Bauern, die einen schaurigen Tanz aufführten. In demselben Haus, wo sich heute ein Damenmodengeschäft befindet, war einst ein Bäcker, bekannt unter dem Namen »Peterbäcken« (St. Peter ist ja gleich gegenüber), und hier hat der junge Mozart seine »Blechkipfel« gekauft, die er in einem Brief auch sehr gepriesen hat. Noch Generationen hindurch bis zum Jahr 1967 waren hier Bäcker beheimatet.

Nebenan steht das Hotel Wandl, einst Hotel Daum. Letzteres öffnete seine Pforten im Jahr 1851 und konnte sich rühmen, damals eines der modernsten Hotels von Wien zu sein. Alles

war im Pariser Stil ausgestattet. Am Tag der Eröffnung konnten es die Wiener – immerhin nicht weniger als 47 000 von ihnen – für ein geringes Eintrittsgeld bestaunen. Drei Jahre später kaufte es Johann Wandl und ließ Aufzüge und Badezimmer einbauen.
Wir gehen entlang der Kirche links weiter, bis wir zum Haupteingang kommen. Hier soll es bereits unter den Römern einen Tempel gegeben haben; St. Peter ist zweifellos eines der ersten christlichen Gotteshäuser in Wien gewesen. Der Legende nach wurde die Kirche von Karl dem Großen im Jahr 792 gegründet und ein großes Relief außen an der Südostseite der Kirche zeigt diese Begebenheit.
Die Peterskirche stellt insofern eine Rarität dar, als sie einer einzigen Epoche entstammt: sozusagen barock vom Scheitel bis zur Sohle, von der Kuppel bis zur Kanzel – und, was besonders auffällt, sogar die Seitenaltäre sind aus dieser Zeit. Auch hier findet man, wie in St. Ruprecht und in der Franziskanerkirche, jene im 18. Jahrhundert so populären Glasschreine mit prunkvoll gekleideten Skeletten, und wie bei den Franziskanern wird der heilige Johannes Nepomuk von der Brücke gestürzt (siehe S. 49). Nach den Gewändern zu schließen, könnte man fast glauben, es seien die Römer gewesen, die ihn zu diesem Märtyrertod verurteilt haben, wo es doch der Böhmenkönig Wenzel war ... Links vom Eingang befindet sich die Grabstätte des Gelehrten Wolfgang Lazius (siehe S. 81).
Sollten Sie um die Weihnachtszeit die Kirche besuchen, versäumen Sie nicht, auch die Krippenausstellung zu besichtigen, die in der Krypta jedes Jahr zu sehen ist.

Jungferngasse

Vom Haupteingang der Kirche zum Graben führt eine ganz kurze Gasse – wenn man das überhaupt eine Gasse nennen kann, denn sie hat kein einziges Haustor – und vormals war sie auch noch eine der engsten. Sie heißt Jungferngässel. Der Name hat zu diversen Spekulationen geführt: die einen sagen, er bezieht sich auf die »frivole Jungfrau«, von der in der nachfolgenden Legende die Rede ist; andere wieder behaupten, dass sie auf Grund ihrer ehemaligen Enge unzugänglich war wie eine Jungfrau.

Vor der Erweiterung spannte sich über das Gässchen ein Bogen. In dem Haus auf der einen Seite lebte eine Jungfrau namens Frowiza; gegenüber befand sich das Haus eines Ratsherren. Er hieß Stephan Knogler. Dieser Knogler hatte einen Sohn, der sich sehr für die hübsche Frowiza interessierte, und des Nachts kletterte er gern hinüber, um sein Liebchen zu besuchen. Einmal, vielleicht war er auch nicht ganz nüchtern, balancierte er gerade über den Bogen nach Hause, als ihn sein Vater erblickte und wütend fragte, was er denn da oben treibe. Der arme Jüngling war so erschrocken, dass er das Gleichgewicht verlor, abstürzte und sich den Hals brach.

Ecke Graben (Nr. 21) stand früher ein Haus mit einem ungewöhnlichen Namen »Zum Hund im Korb«, das seinen Namen folgender Begebenheit verdankt:

Als Kaiser Friedrich III. im Jahr 1462 in der Hofburg von den Wienern belagert wurde und bereits Mangel an Nahrungsmitteln herrschte, beschloss ein Schneider, ein gewisser Kronberger, dem Kaiser und den Seinen zu Hilfe zu kommen. Er bereitete einen großen Korb mit Essen und Getränken, schlich sich zum Burggraben, setzte sich in den Korb und gab den Wartenden oben am Fenster ein Zeichen, ihn hinaufzuziehen. Da bemerkten die belagernden Bürger den Korb und liefen herbei. Der schlaue Schneider musste sie ablenken und kam auf die Idee, wie ein Hund zu bellen. Die Soldaten hörten das Gebell und lachten: »Wenn die da oben schon so hungrig sind, dass sie einen Hund fressen, da kann die Belagerung ja nicht mehr lange dauern!« Und sie ließen den Korb unbehindert an sein Ziel gelangen.

Als die Revolte niedergeschlagen worden war, schenkte der

Kaiser dem Schneider Kronberger zum Dank ein Haus, das stolz den Namen »Zum Hund im Korb« trug.

Kühfußgasse

Wir gehen nochmals hinter die Kirche. Dort beginnt neben dem Hotel Wandl eine enge Gasse. Ein Bierhaus hat ihr den eigenartigen Namen gegeben. Es hatte eine Hausinschrift, die wie folgt lautete:

»O Mensch, thue Buß,
Denn hier ist der Kühfuß.«

Was diese geheimnisvolle Aufforderung bedeutet, ist nach wie vor ein Rätsel. Am anderen Ende der Gasse gelangen wir zur Tuchlauben.

Tuchlauben (1)

Schon im 13. Jahrhundert haben hier unter den Laubengängen die Tuchhändler ihre Geschäfte gehabt und an der Stelle, an der wir in die Tuchlauben einbiegen, steht auf dem dreieckigen Platz, der eher einer Straßenerweiterung gleicht, die Statue eines Tuchhändlers. Die ungewöhnliche Form dieses Platzes hat Archäologen vermuten lassen, dass sich hier Wiens erster Marktplatz befunden haben könnte, ein Markt, der noch älter ist als der Hohe Markt, denn ähnliche Marktplätze (Anger) in anderen österreichischen Städten, die ebenfalls diese dreieckige Form aufweisen, lassen sich alle auf die Zeit vor dem Jahr 1000 zurückverfolgen.
Wir halten uns links und überqueren die Straße zu einem großen, schönen Geschäft, das Bettzeug, Tisch- und Hand-

tücher usw. verkauft. Gunkel & Co. – ein Name, der uns ins Jahr 1796 zurückversetzt, als Joseph Gunkel hier sein Geschäft eröffnete und einer der berühmtesten Schneider von Europa wurde. Er wird sogar in einem Theaterstück von Johann Nestroy (»Der Zerrissene«) erwähnt:

> »Ich hab 14 Anzüg',
> teils licht und teils dunkel,
> Die Frack und die Pantalon,
> alles von Gunkel.«

Im Geschäft rechts kann man über die Vergangenheit der Firma lesen.

Wir gehen die Tuchlauben weiter, vorbei an der alten »Apotheke zum weißen Storch«; der Vogel dient auch heute noch als Hauszeichen.

Weiter unten, auf Tuchlauben Nr. 5, empfängt uns der Hochholzerhof in aller Pracht. Zwar ist es nur die Fassade aus dem 17. Jahrhundert, die wiederhergestellt worden ist, man kann noch die einstigen Laubengänge ahnen, aber das ursprüngliche Gebäude ist ganz ausgehöhlt worden und beherbergt jetzt eine Bank. Über dem Tor steht eine wunderschöne Madonna. Ehe auf Wien im Jahr 1945 Bomben fielen, nahm man diese Statue herunter und brachte sie in den Keller des Augustinerklosters. Auch dort war sie nicht wirklich sicher, denn der Keller wurde arg beschädigt, jedoch blieb die Statue wie durch ein Wunder verschont. Der Name des Hauses geht auf einen früheren Besitzer zurück. Der Fleischhauer Leonhard Hochholzer hat an dieser Stelle bereits 1555 gewohnt.

Wir gehen aber wieder einige Schritte zurück, bis wir zur Steindlgasse kommen, wo wir uns von der Tuchlauben kurz entfernen, kommen aber später wieder zu ihr zurück.

Steindlgasse

Diese Gasse ist sehr hübsch und birgt Überraschungen. Am anderen Ende ragt der gotische Chor der Kirche Am Hof herein und auf der rechten Seite kann man die Laternen der »Gösser Bierklinik« sehen. Das Restaurant ist das wesentlichste Gebäude in der Gasse. Es ist unter diversen Namen bekannt, »Bierklinik« ist einer; man kennt es aber auch als Steindlwirt, Stiedl oder »Zum güldenen Drachen«. Diesen Drachen kann man auch noch – er ist sehr klein und hinter Glas – über dem Tor sehen. Er war das alte Hauszeichen. Gleich links im Eingang steht die Geschichte des Gasthauses, das eines der ältesten in Wien ist (1566). Die Gasse ist nach einem seiner Wirte benannt, jenem Johann Steindl, der das Haus als Lohn für seine Tapferkeit während der zweiten Türkenbelagerung (1683) erhielt. Das Restaurant wurde kurz vor Kriegsende 1945 schwer beschädigt, aber es war auch eines der ersten, die wiederhergestellt wurden.

Das Haus nebenan, Nr. 6, hieß einst »Zur goldenen Schlange« und befand sich 1451 im Besitz einer außergewöhnlichen Frau. Sie hieß Helene Kottanerin und war Kammerfrau der Königin Elisabeth, der Gattin beziehungsweise Witwe König Albrechts II. und Mutter von Ladislaus Postumus.

Elisabeth war in den letzten Monaten der Schwangerschaft, als ihr Mann starb. Sie wollte sicher sein, dass ihr Kind mit der ungarischen Stephanskrone gekrönt werde. Diese Krone war jedoch in der Plintenburg in Gewahrsam und so sandte Elisabeth ihre Kammerfrau Helene Kottanerin, die Krone zu stehlen.

Dieser Frau gelang es nicht nur, eine einmalig couragierte Leistung zu vollbringen, sondern – und das war in jener Zeit noch viel erstaunlicher – sie schrieb, was sie erlebt hatte, in allen Einzelheiten nieder.

Dieses Dokument ist einzigartig und ich möchte es zumindest auszugsweise hier wiedergeben. Das Original ist in ei-

Steindlgasse

nem für uns etwas mühsamen Deutsch geschrieben – es stammt immerhin aus dem Jahr 1440 –, aber es liest sich wie ein ausgezeichneter Kriminalroman:
»Da wir nun auf die Plintenburg kamen, freuten sich die Jungfrauen, dass sie zu meiner gnädigen Frau fahren sollten, und machten sich bereit und ließen sich eine Truhe machen für ihr Gewand ... Und der mit mir war, der kam

auch in das Frauengemach und unterhielt sich mit den Jungfrauen. Da lag nun ein wenig Holz vor dem Ofen, damit man ihn heizen könne, da verbarg er die Feile darunter. Nun hatten aber die Knechte, die den Jungfrauen dienten, das gesehen unter dem Holz und flüsterten untereinander, das hörte ich und sagte ihm das, da erschrak er sehr ... und nahm sie wieder fort. Und verbarg sie woanders. Und sagte zu mir: ›Frau, sieh zu, dass wir Licht haben‹, und ich bat eine alte Frau, sie solle mir etliche Kerzen geben, denn ich hätte viel zu beten ... Und da die Jungfrauen und alle anderen schlafen gegangen waren, da blieb ich in der kleinen Stube und mit mir die alte Frau, die ich mitgebracht hatte ... die lag da und schlief fest ... Da es nun Zeit war, da kam der, der mit mir in diesen Nöten war, durch die Kapelle an die Tür und klopfte an; da machte ich ihm auf und schloss nach ihm wieder zu ... Nun hatte er einen Knecht bei sich ... der hatte ihm geschworen ... und gab ihm auch das Schloss, das man wieder draufgeben sollte, und gab ihm auch das kleine Siegel meiner gnädigen Frau, damit man es wieder versiegeln konnte, und gab mir auch die drei Schlüssel, die zu der vorderen Tür gehörten. Da nahm er das Tuch mit der Petschaft vom Schloss, das der Burggraf daraufgelegt hatte, und ging hin ... und arbeitete fest an den anderen Schlössern, sodass das Schlagen und Feilen überlaut war und waren die Wächter und das Volk des Burggrafen in derselben Nacht sehr munter ... Dennoch hat Gott der Allmächtige die Ohren aller verstopft, dass es keiner hörte ... Und ich bat Gott ... und da ich so betete, da kann ein großer Lärm und ein Gerumpel, als wären viele Geharnischte an der Tür ... Da stand ich auf und wollte sie warnen, dass sie mit der Arbeit aufhören sollten.

Da kam es mir in den Sinn, ich sollte zur Tür gehen, und das tat ich. Da ich an die Tür kam, da war das Gerumpel aus und ich hörte niemand mehr ... Und ich versprach Unserer Lieben Frau eine Wallfahrt nach Zell mit bloßen Füßen, und solange ich diese noch nicht gemacht hätte, wollte ich am Samstag Nacht nicht auf Federn liegen ... Da kam mir der entgegen ... Sie hätten das Schloss an der Tür abgefeilt, aber an der letzten war das Schloss so fest, dass man es nicht abfeilen konnte, man müsste es aufsprengen, und es gab einen großen Lärm davon, dass ich in Sorge war, man wird dem Lärm nachgehen ... Da nun die heilige Krone ganz frei war, da machten wir die Tür wieder überall zu und schlugen andere Schlösser wieder dran anstatt der Schlösser, die man zerbrochen hatte, und drückten das Siegel meiner gnädigen Frau wieder drauf und legten das Tüchel wieder mit der Petschaft drüber, wie wir es vorgefunden hatten ... und ich warf die Feil in das ›Secret‹, das in der Frauenkammer ist ... und die heilige Krone trug man durch die Kapelle hinaus ... Da nahm mein Helfer einen rot-samtenen Polster und trennte ihn auf und legte die heilige Krone in den Polster und nähte ihn wieder zu, da war es schon fast Tag ... Da nun die Jungfrauen und das Hofgesinde bereit waren, dass wir von dannen sollten, und der da mit mir war, der nahm den Polster, worin die heilige Krone eingenäht war, und gab sie seinem Diener, der mir geholfen hat, damit er den Polster aus dem Haus auf den Schlitten tragen sollte, da nahm der gute Geselle den Polster auf die Achsel und eine alte Kuhhaut dazu, die hatte einen langen Schwanz, der hing ihm hinten hinunter und wir begannen zu lachen ...«

Man kann sich gut vorstellen, dass nach der aufregenden Nacht dieses Gelächter die Entspannung brachte. Aber das war noch nicht das Ende des Abenteuers. Sie fuhren durch die Winterlandschaft in der Morgendämmerung, bis sie zur Donau kamen. Der Fluss war zwar zugefroren, aber an manchen Stellen war das Eis etwas zu dünn. Dennoch versuchten sie auf die andere Seite zu gelangen. Als sie mitten auf der Donau waren, brach einer der Schlitten ein. Glücklicherweise kam niemand zu Schaden, und obwohl viel Gepäck verloren wurde, war die Stephanskrone nicht darunter und wurde triumphierend nach Komorn gebracht und dort Königin Elisabeth überreicht. Die Königin gebar einen

Sohn, Ladislaus Postumus, und als er erst zwölf Wochen alt war, wurde er mit der Stephanskrone gekrönt.
Später, als die Königin nach Wien kam, musste sie diese Krone verpfänden, da sie Geld brauchte, um ihr Gefolge bezahlen zu können.
Vor einigen Jahrzehnten war diese Krone wieder Tagesgespräch. Amerikanische Soldaten hatten sie 1945 nach Amerika mitgenommen, wo sie bis 1978 in Fort Knox aufbewahrt wurde. Am 5. Januar 1978 wurde sie nach langem Verhandeln in einem Festakt in Budapest dem ungarischen Volk zurückerstattet.
Am Ende der Gasse, wo der Chor der Kirche vorspringt, führt rechts ein enges Gässchen direkt in den Schulhof.

Schulhof

Hier hatten die Karmeliter ihren Friedhof und später unterhielten die Jesuiten hier eine Schule. Es mag sein, dass der Name des Platzes sich auf diese Schule bezieht, er könnte jedoch ebenso gut mit dem benachbarten Judenplatz in Zusammenhang stehen, als dieser noch das Zentrum der jüdischen Gemeinde war und auch unter der Bezeichnung Schulhof bekannt war, da sich die Synagoge (jiddisch für Synagoge = Schul) hier befand.
Heute ist der kleine Platz von dem gotischen Chor der Kirche Am Hof überschattet. Gleich beim Betreten ist zur Linken ein winziges Häuschen an die Kirche angebaut. Es gehört einem Uhrmacher, der sein Geschäft gegenüber hat. Rechts geht es zu einem kleinen Museum, das eine erstaunliche Sammlung alter Uhren beherbergt. Falls es Ihre Zeit erlaubt, ist ein Besuch dieser Kostbarkeiten sehr zu empfehlen. Die Ausstellung dehnt sich auf drei Stockwerke dieses schmalen Hauses aus und man kann hier Seltenheiten wie etwa das Uhrwerk ganz alter Turmuhren aus dem 16. Jahrhundert oder einen »Brater« (Laufwerk eines Bratspie-

ßes) sowie die entzückendsten Damenuhren sehen. Ein beträchtlicher Teil der Uhren stammt aus der Sammlung der österreichischen Autorin Marie von Ebner-Eschenbach.
Nebenan, Nr. 4, besitzt ein Paradies für Kinder: das Puppenmuseum. Selbst wenn man an Spielzeug nicht interessiert ist, lohnt sich der Besuch. Es ist die reinste Modeschau, da die Puppen jeweils nach dem letzten Schrei ausstaffiert sind. Und vor den Puppenhäusern könnte man stundenlang stehen, auch sie sind bedacht, möglichst realistisch etwa eine Küche, eine Dienstbotendachkammer oder einen Salon des Entstehungsjahres darzustellen.
Obwohl man den Judenplatz von hier auch durch die Parisergasse erreichen kann, würde ich vorschlagen, dass wir zur Steindlgasse zurückgehen und dort in die Kurrentgasse einbiegen. Sie ist viel schöner.

Kurrentgasse

Das Haus der Kottanerin, Steindlgasse Nr. 6, ist gleichzeitig Kurrentgasse Nr. 2. Am ersten Haus rechts, wenn wir die Gasse betreten, sticht ein Fenster von allen anderen ab – es ist in üppigstem Barock umrahmt: das Fenster einer kleinen Kapelle, die sich in diesem Haus befindet. Hier wohnte von 1564 bis 1567 der heilige Stanislaus Kostka. Er war damals noch ein Knabe und ein glühender Katholik. Eines Tages erkrankte er und glaubte sein Ende nahe. Er bat, man möge ihm einen Priester holen. Der Hausherr jedoch, ein Schneider namens Caspar Wachenschwanz, war Protestant und verwehrte ihm diese Bitte. In der Nacht erschien Kostka die heilige Barbara, die dem Knaben das heilige Sakrament brachte. Dieses Erlebnis beeindruckte den Jüngling so sehr, dass er nach seiner Genesung in den Jesuitenorden eintrat und nach Rom ging, wo er ein Jahr später starb.
Bereits 1583 hat ein späterer Bewohner das Zimmer, in

dem Kostka gelebt hatte, in eine wunderschöne kleine Kapelle umwandeln lassen. 1742 wurde sie neuerlich umgebaut. Kostka wurde 1726 heilig gesprochen und gilt als Schutzheiliger junger Menschen.
Übrigens bezieht sich der Gassenname auf die so genannten Kurrenten, das waren die Eintreiber der Weinsteuer, die dem Bischof von Passau unterstellt waren. Sie hatten hier ihren Sitz.
Ein Haus ist schöner als das andere. Nr. 8 ist das kleine Restaurant »Das Ofenloch«. In dieser Gegend hausten die Schwertfeger und das Ofenloch war die Feuerstelle, an der sie die Schwerter herstellten.
Schnell ein kurzer Blick in die alte Bäckerei auf Nr. 10. Erbaut 1520, befinden sich hier seit 1542 Bäcker, die, nach alter Tradition, nur selbst erzeugtes Backwerk verkaufen. Das ornamentale Tor von Nr. 12 zeigt zwei Knaben, die ungewöhnliche Spielkameraden haben: einen Greif und einen Fisch.

Judenplatz

Die Kurrentgasse mündet direkt in den Judenplatz. Dies war der Mittelpunkt der ersten jüdischen Siedlung, die auf das Jahr 1195 zurückgeht. Hier standen die Synagoge, das Haus des Kantors, das jüdische Spital. Der Platz hieß damals Schulhof (siehe S. 126). Ursprünglich waren die Juden in Wien willkommen. Sie waren unter dem Schutz des regierenden Herrschers und spielten eine wichtige Rolle bei der Finanzierung des Hofes. Die Tatsache aber, dass viele Adelige, die Hofbeamten wie auch die meisten wohlhabenden Bürger der Stadt von den Juden Geld geliehen hatten, das sie dann aber nicht zurückzahlen konnten, war voraussichtlich einer der wesentlichsten Gründe des ersten Pogroms im Jahre 1420. Eine antisemitische Welle erfasste ganz Österreich. Die Juden wurden beschuldigt, Brunnen

Relief am Haus »Zum großen Jordan«

vergiftet zu haben, sie waren schuld an der Pest, sie hatten sich mit den Hussiten zusammengeschlossen – sie waren somit der ideale Sündenbock für alle Missstände. Schließlich hieß es, dass sie christliche Kinder umbrächten und die Hostie entweihten. Der damals regierende Herzog Albrecht V., selbst unter beachtlichem Druck, befahl, dass alle Juden in Österreich gefangen genommen werden mussten, ihr Geld und ihr Besitz wurde konfisziert. Die glücklicheren von ihnen wurden lediglich verbannt; man verfrachtete sie auf Schiffe und ließ sie die Donau stromabwärts nach Ungarn treiben. Dort erlaubte ihnen König Sigismund zu bleiben. Aber ein Großteil, nicht weniger als 80 Karren in Wien allein, wurden hinausgeführt vor die Stadt und dort verbrannt. Einige Juden konnten sich diesem Schicksal entziehen, indem sie sich taufen ließen – viele aber zogen es vor, sich im Tempel um ihren Rabbiner zu versammeln. Da es keinen Ausweg gab, baten sie ihn, sie umzubringen, was er auch tat, und zuletzt nahm er sich selbst das Leben.

Albrecht ordnete sodann an, dass man die Mauern des Ghettos niederreiße, und schenkte die Häuser der Juden den Christen. Erst unter Friedrich III., im Jahr 1463, durften die Juden wieder nach Wien zurückkommen.

Das erste Haus rechts, Nr. 2, ist das älteste Haus am Platz und heißt »Zum großen Jordan«. Oberhalb des Tores befindet sich ein Relief zur Erinnerung an das Pogrom. Es zeigt die Taufe Christi im Jordan und die lateinische Inschrift bezeugt die aggressive Haltung der Wiener damals: »Durch den Jordanfluss wird der Leib von Krankheit und Übel gereinigt; da weicht selbst verborgene Sündhaftigkeit. So rast die Flamme sich erhebend durch die ganze Stadt im Jahr 1421 und sühnt die grausamen Verbrechen der hebräischen Hunde. Die Welt wurde einst durch die Deukalionische Flut gereinigt, doch diesmal wurde die Schuld in den Flammen gebüßt.«

Wo heute Haus Nr. 3/4 steht, befand sich einst ein Haus, in dem Mozart wohnte. Sein Aufenthalt hier war nur etwas länger als ein Jahr. Gegenüber, Nr. 11, ist die Rückseite der Böhmischen Hofkanzlei – ein Werk des Barockbaumeisters Johann Bernhard Fischer von Erlach –, deren Front auf die Wipplingerstraße geht.

In der Mitte des Platzes steht die Statue von Gotthold Ephraim Lessing, dem deutschen Dichter, der als Erster für re-

ligiöse Toleranz in seinem berühmten Theaterstück »Nathan der Weise« eintrat.
Nun aber wenden wir uns dem Mahnmal von Rachel Whiteread zu. Es muss erwähnt werden, dass ein jahrelanger, erbitterter Streit der Errichtung dieses Denkmales vorausging. Wir sehen uns mit einem mächtigen Quader konfrontiert, der eine nach außen gekehrte und hermetisch abgeschlossene Bibliothek darstellt. Diese endlose Zahl von Büchern, deren Inhalt uns verschlossen bleibt, soll die Biografien der Opfer des Holocaust symbolisieren. Um den Sockel herum sind die Namen der einzelnen Konzentrationslager aufgezeichnet.
Dahinter steht das Misrachi-Haus, das Museum am Judenplatz. Teils durch einen Animationsfilm, teils durch Auszüge aus einer Biografie des Rabbi Isserlein (1390–1460) kann man sich ein Bild des Lebens der Juden im mittelalterlichen Wien machen. Außerdem sind hier die Fundamente der einstigen Synagoge zu besichtigen. Per Computer kann man sich auch über Religion, Bräuche, Kultur und Alltagsleben der Juden informieren.
Beim Verlassen des Hauses gehen wir quer über den Platz bis zur Jordangasse, der wir bis zur Schultergasse folgen. Auf Nr. 5 hat der berühmte Baumeister Johann Bernhard Fischer von Erlach gelebt, hier ganz in der Nähe eines seiner monumentalen Werke, der Böhmischen Hofkanzlei, ist er auch gestorben.
Es ist eine sehr kurze Gasse, die uns wieder zurück zur Tuchlauben bringt.

Tuchlauben (2)

Genau vis-à-vis von dort, wo wir aus der Schultergasse kommen, ist das Haus Tuchlauben Nr. 20. Das Gebäude an sich ist typisch für die Jahrhundertwende, aber an der Fassade an der Ecke, in einer Nische im ersten Stock hat

sich eine kleine Statue eines Bauern aus dem 16. Jahrhundert erhalten. Da steht er mit Gugel und Lodenmantel und wärmt sich über einem »Gluthäferl«. Er war sicher ursprünglich als Hauszeichen auf dem früheren Bau, dem »Winterbierhaus«, angebracht. Das war ein sehr beliebtes Gasthaus, das erst 1901 demoliert wurde. Die Tatsache, dass hier zwei Märkte Seite an Seite ihre Waren feilboten, hat offensichtlich auch eine gewisse Rivalität aufkommen lassen. Die Fischer mussten, laut Gesetz, ihre Ware ohne Hut und Mantel verkaufen (um etwaiges Feilschen zu unterbinden). Vielleicht machten sich die Bauern mit diesem Glutmanderl lustig über ihre weniger glücklichen Kollegen.
Wir gehen rechts in die Tuchlauben bis zum Haus Nr. 19. Das Äußere trügt. Es scheint ein Haus aus dem 18. Jahrhundert zu sein, obwohl über dem Tor eine etwa 200 Jahre ältere Madonna zu sehen ist. Aber schon in der Einfahrt werden wir von gotischen Sitznischen links und rechts überrascht. Im ersten Stock, links an der Treppe wird das erste Fresko einer Herbstlandschaft sichtbar. Ja, das war 1979 eine wirkliche Sensation, als man hier Fresken aus dem Jahr 1400 fand. Damals hatte das Haus einem wohlhabenden Tuchhändler namens Michel Menschein gehört; der ließ sich einen Festsaal bauen und mit Wandmalereien ausschmücken. Diese waren Illustrationen der Dichtungen des Minnesängers Neidhart von Reuental (siehe S. 12) und dürften somit die älteste profane Malerei in Österreich darstellen.
Die fröhlichen Szenen aus dem Leben des Mittelalters sind äußerst reizvoll. Die erste zeigt einen Dörperkampf – die spöttische Bezeichnung für die Turniere, die die Bauern (Tölpel) in Nachahmung der ritterlichen Spiele veranstalteten. Gefolgt wird diese von einem Ballspiel, das in einer Liebesszene endet. Sodann verliert ein Mädchen seinen »Spiegel«, ein beschönigender Ausdruck für die Jungfernschaft. Reste einer winterlichen Schlittenfahrt folgen, aber wohl am besten erhalten ist der Auszug des Hofes aus der Stadt mit Musik und Tanz, um das erste Veilchen im Wie-

nerwald zu begrüßen (siehe S. 12). Man kann sich ein Video vorführen lassen, das die einzelnen Bilder und deren Bedeutung näher erklärt.
Da Sie bereits das andere Ende der Tuchlauben gesehen haben, wollen wir umkehren und nochmals zur Schultergasse zurückgehen und weiter, bis wir zur Ecke Hoher Markt und Wipplingerstraße kommen. Ehe wir aber in diese einbiegen, stellen wir uns zur Ecke Marc-Aurel-Straße. Da diese Straße an sich weniger interessant ist, wollen wir uns hier nur an den römischen Kaiser erinnern, nach dem sie benannt ist. Er war immerhin nicht weniger als dreimal in Wien und soll sogar im römischen Lager hier im Jahr 180 gestorben sein. Es ist wahrscheinlich, dass er in Wien kurz vor seinem Tod seine »Meditationen« vollendet hat.
Nachdem wir unseren Tribut an Rom gezollt haben, wollen wir jetzt die Wipplingerstraße hinuntergehen.

Wipplingerstraße

Sie hieß ursprünglich »Wildwercherstraße«, da es die Kürschner und Pelzhändler waren, die hier ihr Handwerk betrieben.
Beim Eintreten in die Straße sind wir durch die ersten Häuser keineswegs auf das gefasst, was dann folgt: links steht plötzlich die prächtige Böhmische Hofkanzlei vor uns (siehe S. 130). Sie hat unter zwei Kriegen arg gelitten, das erste Mal im Jahr 1809 und dann nochmals 1945. Heute ist hier in der Wipplingerstraße Nr. 7 jedoch nur noch die östliche Hälfte der Fassade von dem ehemaligen Fischer-von-Erlach-Bau erhalten. Derzeit ist das Gebäude Sitz des Verwaltungs- und des Verfassungsgerichtshofes.
Gegenüber auf Nr. 8 befindet sich das Alte Rathaus. Es wird bereits im Jahr 1435 erwähnt. Die Fassade wurde im 18. Jahrhundert erneuert und der Ratssaal erhielt ebenfalls damals seine prachtvolle Decke.

Andromedabrunnen

Für den Hof hat Georg Raphael Donner seinen wunderschönen Andromedabrunnen geschaffen.
Seit die Stadtverwaltung ins Neue Rathaus übersiedelt ist, dient dieses Gebäude als Bezirksamt der Inneren Stadt und

der Josefstadt. Außerdem sind darin noch das Dokumentationsarchiv des österreichischen Widerstandes sowie das Bezirksmuseum untergebracht. Das Rathaus wurde jedoch nicht immer nur für Gemeindesitzungen und städtische Administration benützt; manchmal fanden hier auch Hinrichtungen statt. Von einer solchen gibt es eine sehr ausführliche Beschreibung:

Im 17. Jahrhundert lebte ein sehr reicher ungarischer Graf namens Nádasdy, der auf Grund einer Verschwörung zur Erlangung der ungarischen Unabhängigkeit mit den anderen Rebellen nach Aufdeckung des Komplotts zum Tode verurteilt wurde. Vor der Enthauptung sollte dem Grafen noch die rechte Hand (Schwurhand) abgeschlagen werden. Das war das Urteil, welches Verrätern blühte.

Leopold I. ließ äußerste Gnade walten, indem er dieses grausame Urteil abänderte und dem Grafen den vorherigen Verlust seiner Hand ersparte; er solle »nur« den Kopf verlieren.

Man brachte Nádasdy am 27. April 1671 aus seinem Kerker ins Rathaus. Nachdem er sich von seinen Dienern verabschiedet hatte, wurde er hinunter in einen unterirdischen Saal gebracht. Priester und Wächter begleiteten ihn. In diesem Raum stand ein Altar, der mit einem schwarzen Tuch bedeckt war, und ein ebenfalls schwarzer Stuhl stand auf einem schwarzen Teppich. Der Graf setzte sich auf den Stuhl, und man las ihm nochmals das Urteil vor sowie den gnädigen Erlass bezüglich seiner rechten Hand. Dann rief er seinen Lieblingspagen, der half ihm den Rock aufzuknöpfen, ordnete sein Haar und legte ihm eine Binde über die Augen. Als dies geschehen war, faltete der Graf seine Hände und rief laut: »Jesus und Maria.« Siebenmal rief er es, da schwang der Scharfrichter sein Schwert und hieb ihm den Kopf ab.

Sofort erschienen drei maskierte Männer, die den blutigen Leib nahmen, ihn in einen Sarg legten und den Kopf mit den starr geöffneten Augen auf die Brust setzten. Dann trugen sie den Sarg hinauf in den Hof des Rathauses, wo

man den Leichnam der Menge zeigte (es muss wohl dort gewesen sein, wo sich heute der Brunnen befindet). Tausende Bürger drängten sich, um die sterblichen Überreste des verräterischen Grafen zu sehen.
Links vom Andromedabrunnen führt eine Passage hinaus zum Stoß im Himmel. Unterwegs sind einige Reproduktionen aus dem Bezirksmuseum ausgestellt. Sie sind interessant und man sollte sich die Zeit nehmen, sie näher zu betrachten.

Stoß im Himmel

Ursprünglich bezog sich dieser sonderbare Name nur auf ein Haus in dieser Straße, das einer reichen Frau gehört hat. Sie liebte schöne Kleider über alles und ihr größtes Vergnügen war es, wenn sich neiderfüllt alle Leute auf der Straße nach ihr umsahen. Sie war so eitel, dass sie sich sogar einmal über die Statue der Muttergottes lustig machte: »Wie armselig deine Kleider sind im Vergleich zu meinen. Du, als Himmelskönigin, könntest dich ein wenig besser kleiden!«
Nicht lang danach geschah etwas Eigenartiges. Es wurde zu Mitternacht ans Tor geklopft, und als die Diener unwillig öffneten, stand draußen eine alte Bettlerin, die unbedingt die Frau des Hauses sprechen wollte.
Die gnädige Frau kam verärgert aus ihrem Schlafzimmer: wie könnte es eine Bettlerin wagen, sie aufzuwecken? »Ich komme nicht um zu betteln«, antwortete die Alte. »Ich habe hier in meinem Korb etwas, das deinen ganzen Reichtum wert ist und noch mehr. Es ist ein Kleid für eine Königin. Willst du es sehen?« Anfänglich war die Dame etwas skeptisch. Wie käme denn so ein lumpiges altes Weib zu einem schönen Kleid? Aber ihre Neugier war doch zu groß und sie bat das Bettelweib, ihr das Kleid zu zeigen. Und wirklich, als sie das Kleid sah, verschlug es ihr den Atem.

Noch nie hatte sie so etwas Herrliches, Einmaliges gesehen. Es war aus golddurchwirkter feinster Seide, mit Samt verbrämt und mit Edelsteinen besetzt. »Gute Frau«, rief sie aus, »dieses Kleid muss ich haben! Sag mir schnell, wie viel es kostet.« – »Das kannst du nie zahlen«, sagte die Alte, »denn du hast ja gar kein Geld mehr, deine Truhen sind leer.« – »Das ist leider nur zu wahr«, seufzte die Herrin, »aber ich würde mein ganzes Hab und Gut verkaufen, nur um dieses einzige herrliche Gewand zu besitzen.« – »So viel kannst du gar nicht verkaufen, um dieses Kleid zu bezahlen, meine Liebe. Aber da es dir so viel bedeutet, mache ich dir einen Vorschlag. Ich lasse dir das Kleid für drei Tage und drei Nächte. Um Mitternacht in der dritten Nacht komme ich es mir holen. Als einzigen Lohn will ich nur das, was dieses Kleid in jenem Augenblick bedeckt.«

Die eitle Frau willigte ein. So blieben ihr zumindest drei Tage, an denen sie in ihrem prächtigen Staat in der Stadt herumspazieren konnte. Sie probierte das Kleid und es passte so gut, als wäre es für sie gemacht worden. Sobald es hell wurde, ging sie hinunter auf die Straße und war entzückt, dass sich jeder nach ihr umdrehte und sie beneidete.

Als der letzte Tag zu Ende ging, erinnerte sie sich an die Vereinbarung und bekam es nun mit der Angst zu tun. Sie versuchte das Kleid auszuziehen und merkte mit Entsetzen, dass es an ihrem Leib klebte, und wie sie auch zog und zerrte, sie konnte sich des Kleides nicht entledigen. Es wurde ihr klar, dass das alte Weib der Teufel gewesen und dass sie ihm so leicht in die Falle gegangen war. »Ich werde es zerschneiden oder zerreißen«, kam es ihr in den Sinn. Aber das Material war so fest, dass auch dies nicht möglich war. Da schlug die Glocke Mitternacht. Kaum war der letzte Ton verhallt, da sprang die Tür auf und das alte Bettelweib erschien. »Sie da, meine Liebe«, kicherte sie, »das Kleid steht dir ausgezeichnet. Aber ich hoffe, du erinnerst dich an unsere Abmachung: was das Kleid um Mitternacht bedeckt, gehört mir. Es bedeckt dich, also bist du mein!«

Ein Donnerschlag erfüllte den Raum und aus einer Stich-

flamme sprang der Teufel. Auch das Kleid verwandelte sich: der golddurchwirkte Stoff wurde zu züngelnden Flammen. Zu Tode erschreckt und völlig verzweifelt fiel die Reuige auf die Knie und betete inbrünstig um Vergebung ihrer Sünden und schwor, sich zu bessern. Als letzte Hoffnung ergriff sie ein Medaillon der Muttergottes, das sie am Hals trug. Der Teufel streckte bereits seine Krallen nach ihr aus, da wurde sie ihm durch einen festen Stoß einer unsichtbaren Hand entrissen. Sofort zerfiel auch das brennende Kleid und der Teufel verschwand fluchend durch das Fenster.
Es war tatsächlich ein Stoß in den Himmel, denn die Frau ließ von ihrem lasterhaften Leben ab. Sie zog sich von der Welt zurück und ging in ein Kloster, wo sie bis zu ihrem Tode lebte. Das Haus jedoch, in dem sich dieses Wunder ereignet haben soll, hieß fortab »Zum Stoß im Himmel«.
Tatsache ist, dass im Haus Nr. 3 unter König Ottokar eine reiche Witwe namens Josefa Cornelia Stosanhiml lebte.
Wir gehen rechts vor bis zur Salvatorgasse. Von hier aus sieht man zum ersten Mal Maria am Gestade und diese Kirche ist unser nächstes Ziel.

Maria am Gestade

Am Gestade, also an den Ufern, hieß die Kirche, jedoch auch Maria Stiegen. Sie soll 882 erbaut worden sein. Es ist hier jedenfalls bereits damals eine Kapelle gestanden, wir wissen, dass sie 1154 schon vergrößert wurde.
Es ist interessant, dass – während die Herzöge von Österreich den Chor von St. Stephan bauten – es die Wiener Bürger, darunter jener Konrad Rampersdorffer, den man am Mehlmarkt (siehe S. 198) hingerichtet hat, waren, die sich um den Bau von Maria am Gestade kümmerten. Sie waren es auch, die die Priester bezahlten, die hier die Messe lasen.

Der Turm von Maria am Gestade

Um 1414 hatte man das Mittelschiff vollendet; es ist schmäler als der Chor, da kein Platz zur Erweiterung vorhanden war. Auf der einen Seite fiel das Ufer steil ab zum Donauarm, auf der anderen waren, auch damals schon, die Häuser der Salvatorgasse.
Unter dem reformfreudigen Joseph II. sollte die Kirche ab-

gerissen werden, glücklicherweise erwies sich dies aber als zu kostspielig und man ließ sie stehen. Sie wurde jedoch säkularisiert und diente 1809 als Arsenal.

Bereits 1812 war sie wieder Kirche, diesmal speziell für die tschechische Bevölkerung, die in Massen nach Wien strömte, um hier Arbeit zu finden.

Gleich nachdem wir in die Salvatorgasse eingebogen sind, haben wir den atemberaubenden schönen Turm der Kirche erblickt. Es ist interessant, dass er auf einem siebeneckigen Grundriss erbaut ist, was zweifellos mit der im Mittelalter üblichen Zahlensymbolik zusammenhängt (und sich in diesem Fall auf die sieben Gaben des Heiligen Geistes, die sieben Sakramente und die sieben Tugenden bezieht). Der Turmhelm ist wohl eines der prachtvollsten Beispiele gotischen Maßwerks überhaupt. Wir kommen zum ersten Tor der Kirche, das zwar meist geschlossen ist, aber durch das Gitter kann man eine Schutzmantelmadonna sowie die Krönung Mariens oberhalb des Tores bewundern. Wir begeben uns weiter zum zweiten Portal.

Dieses Portal in der Salvatorgasse weist im Türbogen vier kleine Engeln auf: einer spielt auf einer Handorgel, ein zweiter hält einen Weihwedel, ein dritter eine Laute und der vierte ein Buch. Hier wollen wir eintreten. Eine der faszinierendsten Merkmale der Kirche ist, dass sie einen leichten Knick aufweist. Wenn man durch das Tor in die Kirche tritt, kann man dieses Phänomen gut erkennen. Der Chor ist nicht die genaue Verlängerung des Mittelschiffes, sondern leicht nach rechts abgewinkelt, da die nördliche Außenmauer auf einem Teil des alten Römerlagers steht.

Seit der Renovierung kann man im Kirchenschiff, außer während einer Messe, nicht mehr ganz vorgehen, aber auch durch das geschlossene Gitter kann man einiges von den Schätzen dieser Kirche sehen. Der Hochaltar ist zwar neugotisch, aber er wird von zwei Tafeln des ehemaligen Flügelaltars aus dem Jahr 1460 flankiert. Die Fenster im Chor sind auch »echt«, man hat all jene noch auffindbaren Scheiben der Originalglasmalerei zusammengestückelt. Sie

stammen aus den Jahren 1350–1436, und das Ergebnis ist erstaunlich homogen.
Rechts in der Turmkapelle wird ein Lokalheiliger verehrt, der Priester Clemens Maria Hofbauer. Geboren in Mähren, Lehrjahre in Wien, in Rom dem Redemptoristenorden beigetreten und zum Priester geweiht, verbrachte er mehr als zwanzig Jahre in Polen. Durch die Truppen Napoleons vertrieben, kam er wieder nach Wien, wo er bis zu seinem Tode wirkte. Was ihn besonders mit Maria am Gestade verbindet, ist, dass diese Kirche ihm und seinem Orden, als sie abermals geweiht wurde, unter der Bedingung anvertraut wurde, dass er sich der wachsenden tschechischen Bevölkerung Wiens widme.
Unter diesen Umständen scheint es etwas merkwürdig, dass ausgerechnet er als Stadtpatron von Wien gilt, was selbst den meisten Wienern nicht bekannt ist. Er muss jedoch viele Verehrer haben, denn im Hauptschiff, weiter vorne rechts, ist die Wand über und über mit Danksagungen jener bedeckt, deren Bitten er erhört hat.
Neben seiner Kapelle auf einer Konsole steht eine bezaubernde Marienstatue; sie ist Teil einer Verkündigungsgruppe (etwa 1340). Heute ist der dazugehörige Engel von ihr durch die ganze Breite des Kirchenschiffes getrennt, einst werden sie sich wohl näher gestanden sein.
Die linke Seitenkapelle weist ein Netzrippengewölbe auf und hoch oben ein ganz kleines Fenster (man kann es von der anderen Seite des Mittelschiffes am besten sehen). Dieses umrahmt eine mittelalterliche Glasscheibe mit dem Wappen der Familie Liechtenstein, einer Lilie; die Liechtensteiner haben wesentlich zum Bau der Kirche beigetragen und hatten ursprünglich gehofft, sie als Familiengrabstätte benützen zu können.
Noch ein kurzer Hinweis: in dieser Kirche finden manchmal Konzerte statt. Es ist wahrlich ein Erlebnis, in dieser Umgebung, in einer Atmosphäre der Frömmigkeit vergangener Jahrhunderte Kirchenmusik zu hören.
Wir verlassen die Kirche durch dasselbe Tor, durch das wir

hereingekommen sind, und gehen außen vor zur Front der Kirche. Der hängende Steinbaldachin über dem Portal, das leider immer geschlossen ist, gehört zu den architektonischen Prachtwerken dieser Kirche. Wenn man sich zurückbeugt und weiter hinaufblickt, kann man auch die fantastischen Grimassen der Wasserspeier am Dach bewundern.
Ehe wir die steilen Stiegen hinuntergehen, lohnt sich ein kurzer Abstecher nach links in die Schwertgasse.

Schwertgasse

Haus Nr. 3 ist für den Namen verantwortlich, es hieß »Zu den sieben Schwertern«. Zwischen 1710 und 1720 wurde es erbaut und zeigt über dem Tor ein Wappen, von zwei kleinen Engeln getragen. Die sieben Schwerter sind jene, die das Herz Mariens durchbohrten, was auch die Pieta über dem Türsturz erklärt.
Wir gehen kurz in das Haus. Es hat einen hübschen Hof und links eine Stiege, an der ganz unerwartet eine prachtvolle barocke Statue des heiligen Alexius steht. Ursprünglich hatte ich geglaubt, es wäre der heilige Rochus, der ja auch als Pilger dargestellt wird, aber mir fiel auf, dass ihm der obligate Hund fehlte. Als der Heilige nämlich krank und verlassen im Straßengraben lag, war es ein Hund, der ihm Brot brachte und seine Wunden leckte. Dieser Heilige hatte aber keinen Hund. Nun hat man mich aufgeklärt. Es ist ein in unseren Breiten nicht allzu bekannter Heiliger. Seine Geschichte ist sonderbar. Als Sohn eines reichen Römers verließ er seine Frau in der Hochzeitsnacht. Nach Jahren der Wanderschaft und Askese kehrte er als Bettler nach Rom zurück, wo er die letzten 17 Jahre seines Lebens unerkannt im Hause seines Vaters unter der Treppe lebte. Auch hier hat er eine Heimstatt unter der Treppe gefunden und am Sockel ist diese Szene dargestellt.
Wir begeben uns wieder zurück zum Passauer Platz vor der

Das Haus »Zu den sieben Schwertern«

Kirche Maria am Gestade und diesmal steigen wir die Treppe hinunter, wo auf der linken Seite drei hübsche alte Häuser stehen: Nr. 1 wurde 1616 erbaut, obwohl die Fassade wahrscheinlich etwa aus dem Jahr 1800 stammt, aber die beiden anderen sind Überreste des 16. Jahrhunderts.
Ein letzter Blick hinauf zur Kirche Maria am Gestade, die

von hier aus besonders imposant erscheint, und dann biegen wir links in den Tiefen Graben ein.

Tiefer Graben

Es handelt sich hier nicht um den Stadtgraben, sondern um ein ehemaliges Bachbett. Wir sehen uns zuerst Haus Nr. 23 auf der rechten Straßenseite an; hier stand im Mittelalter ein bekanntes Bordell.
An derselben Stelle ereignete sich zu Zeiten Kaiser Josephs II. eine amüsante Geschichte. Ein Beamter hatte das Haus gekauft, und da er ein großer Verehrer des Kaisers war, nannte er es »Zum Kaiser Joseph« und verwendete ein Bild des Kaisers als Hauszeichen. Er wurde gerügt und aufgefordert, das Hauszeichen zu entfernen. Er fand wohl, dass es schade sein um das schöne Bild, und ließ es daher lediglich mit Bart und Heiligenschein übermalen und nannte sodann das Haus »Zum heiligen Josef«. Leider blätterte die Farbe vom unteren Teil des Bildes bald ab und das Resultat war der heilige Josef in der Uniform eines österreichischen Generals mit den dazugehörigen Orden.
Wir kommen jetzt zur Hohen Brücke, die sich über den Tiefen Graben spannt. Hier haben sich seit Jahrhunderten Brücken befunden und zwei von ihnen sind links und rechts an der Brücke selbst abgebildet. Auf der anderen Seite der Brücke, am Haus Nr. 22, befindet sich eine Tafel, die daran erinnert, dass sich hier zur Zeit der Babenberger ein Stadttor befand.
Der Tiefe Graben kann sich rühmen, zwei Musiker von Weltrang angezogen zu haben: sowohl Mozart als auch Beethoven haben sich hier vorübergehend niedergelassen. Das Haus Nr. 18 hat Mozart 1773 beherbergt. Seine Fassade wie auch die des Nebenhauses mit den reizenden Giebeln über den Fenstern ist wiederhergestellt worden.
Das neue Gebäude mit den Nummern 8–10 weist zwar

mit einem modernen Mosaik darauf hin, dass Beethoven, der Dauerübersiedler, zwischen 1815 und 1817 hier eine Wohnung gemietet hatte, aber weder dem Haus noch dem Kunstwerk gelingt es, auch nur einen Hauch des großen Meisters heraufzubeschwören.

Ein sehr altes Haus ist Nr. 6; wir werden es von der anderen Seite besser sehen können und darauf zurückkommen, wenn wir Am Hof stehen (siehe S. 147).

Somit kommen wir zum Heidenschuss am Ende der Straße. Wir halten uns aber hier nicht auf, denn diese Gegend ist an anderer Stelle beschrieben (S. 187). Wir biegen nach links und kommen kurz darauf zu einem weiten Platz: Am Hof.

Am Hof

An diesem sehr alten Platz soll sich die erste Babenbergerburg befunden haben und der »Hof« war eben der Hof der Babenberger. Im Jahr 1165 gab hier Heinrich II. Jasomirgott mit seiner Gattin Theodora ein Fest für den Staufer-Kaiser Friedrich Barbarossa, das zwei Wochen dauerte. An diesem Hof schrieb und sang auch der Minnesänger Walther von der Vogelweide.

Später entstand ein Marktplatz, manchmal aber auch ein Richtplatz. Hier wurde Graf Ferdinand von Hardegg enthauptet; er hatte die Festung Raab »ohne die höchste Noth« den Türken ausgeliefert. Kaiser Rudolf II. verurteilte ihn dafür zum Tode.

Schon der Anblick der Richtstätte muss erschreckend gewirkt haben: Ein schwarz verkleidetes Podium war aufgestellt worden. Der Graf verabschiedete sich von seinem Gefolge, trat vor und beteuerte vor der versammelten Menschenmenge seine Unschuld. Er bat, man möge für ihn beten. Dann entblößte er selbst seinen Hals und den rechten Arm. Er kniete nieder auf dem vorbereiteten Kissen, küsste

das Kreuz, das ihm der Priester entgegenhielt, und legte seine Rechte auf den Richtblock. Der Henker verbeugte sich vor dem Grafen und sodann schlug einer seiner Gehilfen die aristokratische Hand ab. Fast im gleichen Augenblick schwang der Scharfrichter selbst das riesige Schwert, das die Familie Hardegg speziell für diesen Anlass hatte schmieden lassen, und schon rollte der Kopf. Die Menge brach in Jubel aus: der Henker hatte gute Arbeit geleistet.
Nun kam das Hardeggsche Gefolge herbei, nahm den Leichnam sowie Kopf und Hand und legte sie in einen prachtvollen Sarg. Dieser wurde auf einen Leichenwagen geladen, der von sechs Pferden gezogen wurde, und der Zug setzte sich in Richtung Freyung in Bewegung.
Diesem dramatischen Schauspiel folgte eine groteske und grausige Komödie. Der zweite Angeklagte, dem das gleiche Schicksal blühte, war der Baumeister der Festung, ein dicker, kleiner Mann mit einem kurzen Hals. Die Hand wurde mühelos vom Arm getrennt, aber der Henker musste beim Kopf zweimal zuschlagen – das Blut floss in Strömen, der Sterbende brüllte wie ein geschlachtetes Vieh. Die Menge war über diese Stümperei empört und schon regnete es Steine. Der Scharfrichter kam nur mit dem Leben davon, weil ihn die Miliz in Schutz nahm.
Um diese grausige Erinnerung zu verdrängen, gibt es hier Am Hof auch Bilder aus der Vergangenheit, die erfreulicher sind: So fand hier von 1842 bis 1929 und ebenfalls von 1939 bis 1945 alljährlich der Christkindlmarkt statt. In der Adventzeit reihte sich Bude an Bude, jede mit einer kleinen Öllampe beleuchtet. Da konnte man Schmuck für den Weihnachtsbaum, Lametta, silberne und goldene Kugeln und Kerzen kaufen. Aber natürlich gab es auch Spielzeug und Süßigkeiten für die Kinder.
Wenden wir uns jetzt den schönen Häusern zu, die den Platz umgeben. Links die Nr. 7 ist das Märkleinsche Haus, heute die Garage der Wiener Feuerwehr. Während der zweiten Türkenbelagerung, nur wenige Tage vor dem Entsatz der Stadt durch die Heere des Polenkönigs Sobieski

und des Herzogs Karl von Lothringen, ist in diesem Haus der Wiener Bürgermeister Andreas von Liebenberg gestorben.
Daneben steht ein sehr schmales, rotes Haus; es ist jenes, das wir bereits von der anderen Seite am Tiefen Graben bewundern konnten.
In der linken Ecke des Platzes prangt das Bürgerliche Zeughaus, das bereits im 15. Jahrhundert erwähnt wird. Die Bürger mussten ursprünglich ihre eigenen Waffen stellen, aber es zeigte sich bald, dass es günstiger war, wenn man ein Arsenal anlegte, damit die Waffen halbwegs einheitlich wären. Im ersten Türkenkrieg erwies es sich auch als Notwendigkeit, dass die Waffen und Munition fachgerecht gelagert wurden, damit sie im Notfall gebraucht werden konnten.
Unter diesem Zeughaus kann man Reste des römischen Lagers besichtigen.
Wir gehen nun über den Platz zum Haus Nr. 12, ein hübscher Barockbau, in dem der bekannte Urbani-Keller beheimatet ist.
Nebenan, im Palais Collalto, soll Mozart oft zu Gast gewesen sein.
Die Kirche Am Hof ist in ihrem Kern gotisch, doch dies kann man nur an ihrer Rückseite, die in die Steindlgasse geht, erkennen (siehe S. 122). Die Fassade hier Am Hof sowie die Innenausstattung sind barock. Gewidmet ist die Kirche den Neun Chören der Engel. Ursprünglich gehörte sie den Karmelitern, ging jedoch später in den Besitz der Jesuiten über.
Ehe wir den Platz verlassen, nur ein paar Worte über die schöne, schlanke Mariensäule aus dem Jahr 1667, die in der Mitte steht. Im Jahr 1818 hat man sie geringschätzig wie folgt beschrieben: »Das Ganze macht ein Gewicht von 205 Zentnern am Metall aus und wird von seiten der Kunst nicht sonderlich geschätzt.« Wie sich der Geschmack doch im Laufe der Zeit ändert!
Vier Bestien umgeben den Sockel der Säule: eine Schlange,

Die Engel am Fuß der Mariensäule

ein Drache, ein Basilisk und ein Löwe. Sie symbolisieren Pest, Krieg, Hungersnot und Häresie und werden von geharnischten Engeln bekämpft.
Wenn wir nun der Säule den Rücken kehren, sehen wir links in der Ecke des Platzes die kürzeste Gasse von Wien: Irisgasse heißt sie.

Irisgasse

So kurz sie ist, hat sie doch ein wechselhaftes Schicksal hinter sich, diese Gasse. Sie ist wohl öfter als jede andere Gasse der Innenstadt umbenannt worden.
Heute heißt sie Irisgasse, da 1862 am Eck Bognergasse ein Geschäft mit dem Hauszeichen einer Iris (oder der Göttin Iris?) stand. An der Fassade dieses Hauses in der Naglergasse steht eine mit zwei Blumen geschmückte weibliche Fi-

gur, aber falls sie als Hauszeichen diente, hat der Bildhauer entweder nicht gewusst, wie eine Iris aussieht, oder das Haus hieß damals »Zur Rose«.
Im 17. Jahrhundert hieß sie recht deftig Hundsfottgässel, denn sie sei nicht länger als ein Hundsfott, behaupteten die Wiener. Hier wurde alljährlich das Fastnachtsspiel von Adam und Eva aufgeführt. Da muss es recht wild zugegangen sein, denn Kaiser Karl VI. befahl, dass es ab 1719 nur noch während der letzten drei Tage im Fasching aufgeführt werden dürfe, und seine Tochter Maria Theresia hat diese Volksbelustigung überhaupt verboten. Im Zusammenhang mit diesem Spiel hieß die Gasse auch zeitweilig Adam-und-Eva-Gässel. Aber das ist noch nicht das Ende der Namensänderungen. Im 19. Jahrhundert hieß sie »Glockengasse«, da sich in ihrem Bereich eine Glockengießerei befand. Einige Zeit war die kleine Gasse auch als »Zweihäusergässel« bekannt, ein Name, der sie sehr treffend beschreibt.
Wir gehen die wenigen Schritte durch die Irisgasse und bleiben kurz an der Ecke Naglergasse stehen.

Naglergasse

Einst war diese Gegend das Zentrum der Nadler, also nicht der Handwerker, die Nägel herstellten, wie die heutige Verballhornung des ursprünglichen Straßennamens vermuten lässt, sondern Nadeln. Die mittelalterlich enge Gasse hat noch viele von den schönen Hausfassaden früherer Zeiten erhalten. Auch war sie etwa vor 800 Jahren eine sehr noble Gegend, denn hier befanden sich einige Badhäuser. Diese waren sozusagen die Vorgänger der Kaffeehäuser, Bars und Clubs unserer Zeit. In ihnen spielte sich das gesellschaftliche Leben der gehobeneren Bürgerschaft ab.
Fast gegenüber der Irisgasse, rechts, kann man am Haus Nr. 13 eine schöne Krönung Mariens bewundern. Direkt vor uns weist eine Aufschrift auf die Nähe des Esterházy-

kellers hin. Dieser ist nur ein paar Schritte weiter in dem engen Gang, der zum Haarhof führt. 27 sehr steile Stufen führen in den Keller hinunter. An der Treppe oben kann man etwas über seine Vergangenheit lesen. Dieser Keller ist sehenswert und im Gegensatz zu anderen Weinlokalen ist er wochentags auch am Vormittag, nämlich ab 11 Uhr, geöffnet. Der Keller muss früher von geeichten Trinkern frequentiert worden sein, denn man schenkte nicht weniger als einen Liter aus und erst ab 1828 konnte man dort »ein Viertel« und heute sogar nur ein Sechzehntel bestellen. Wie sich die Zeiten ändern!

Vom Haarhof kommend biegen wir nun rechts in die Naglergasse ein. Haus Nr. 4 führt immer noch die Bezeichnung »Zum Bogner« und erinnert an die Nähe der Bognergasse, die parallel zur Naglergasse verläuft. Am Ende der Gasse, bei der Nr. 2, weist eine Tafel darauf hin, dass hier die römische Stadtmauer verlief und man Reste des römischen Lagers gefunden hat, als dieses Haus im Jahr 1801 gebaut wurde.

Ecke Graben und Naglergasse stand einst ein Wehrturm, das Peilertor, das zur Tuchlauben führte. Ursprünglich war es ein Wachturm, später ein Gefängnis. Im 17. Jahrhundert gab es ebenerdig Geschäfte und eines davon war ein Zuckerbäckerladen. Die Besitzerin war eine gewisse Cäcilie Krapf. Als diese Frau einmal einen großen Topf mit ausgelassenem Schmalz am Herd stehen hatte, fiel ihr aus Versehen ein Stück des Germteiges, den sie gerade rührte, in das heiße Fett. Innerhalb von wenigen Minuten war es goldgelb geworden und sah recht appetitlich aus. Sie kam auf die Idee, mehrere solche Backwaren herzustellen, und nannte sie Cilly-Kugeln (Cilly ist in Österreich die Abkürzung für Cäcilie). Später sind sie unter dem Namen Krapfen bekannt geworden: eine Wiener Spezialität, die sich besonders während des Faschings großer Beliebtheit erfreut.

Die Familie Krapf wurde sehr wohlhabend und bekannt. Ein Nachkomme kaufte Land an den Hängen des Kahlenberges und diese Gegend heißt heute noch das »Krapfen-

waldl« (es befindet sich dort ein beliebtes Wiener Freiluftbad).
Wie beim Kipfel handelt es sich jedoch auch beim Krapfen um ein Gebäck, das schon im Mittelalter bekannt war, das aber damals haken- oder krallenförmig ausgesehen hat.
Wenn Sie nun wieder zum Stephansplatz zurückkehren wollen, müssen Sie lediglich dem Graben bis zum Ende folgen. Dieser ist näher in der 5. Tour (Seite 189–191) beschrieben.

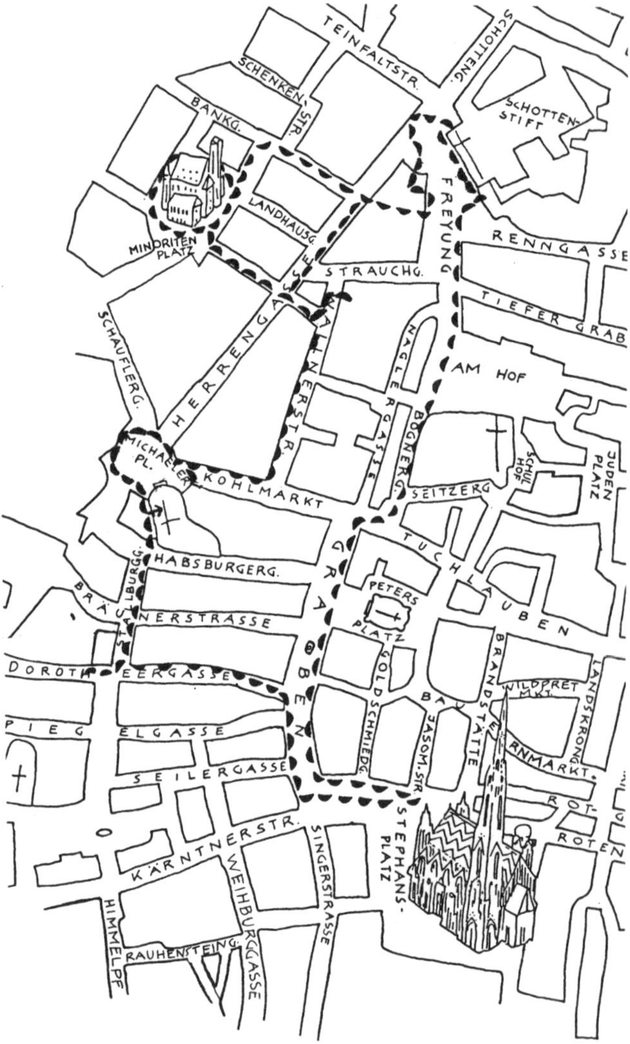
TEINFALTSTR.
SCHOTTENG.
SCHENKEN-STR.
BANKG.
SCHOTTEN-STIFT
FREYUNG
LANDHAUSG.
MINORITEN PLATZ
RENNGASSE
STRAUCHG.
HERRENGASSE
SCHAUFLERG.
AM HOF
NAGLERGASSE
WALLNERSTR.
BOGNERG.
MICHAELER PL.
KOHLMARKT
SEITZERG.
SCHULHOF
JUDENPLATZ
TUCHLAUBEN
HABSBURGERG.
GRABEN
PETERSPLATZ
STALLBURGG.
BRÄUNERSTRASSE
DOROTHEERGASSE
BRANDSTÄTTE
WILDPRET MKT.
LANDSKRONG.
GOLDSCHMIEDG.
JASOM. STR.
SEILERGASSE
KÄRNTNERSTR.
SINGERSTRASSE
STEPHANSPLATZ
WEIHBURGGASSE
RAUHENSTEING.

FÜNFTE TOUR

Stephansplatz
Stock-im-Eisen-Platz
Dorotheergasse
Stallburggasse
Michaelerplatz
Michaelerkirche
Kohlmarkt
Wallnerstraße
Herrengasse
Minoritenplatz
Bankgasse
Palais Ferstel
Freyung
Heidenschuss
Bognergasse
Graben

Der Stephansplatz

Auch diesmal wollen wir unseren Spaziergang vor dem Hauptportal des Stephansdomes beginnen. Wir stehen ganz nahe der Treppe, die zur U-Bahn-Station unter dem Stephansplatz führt. Ein kurzer Abstecher in die Tiefe, glaube ich, ist recht lohnend.

Während man die Grabungsarbeiten für die U-Bahn durchführte, fand man unter dem Stephansplatz erwartungsgemäß die Grundmauern der St.-Magdalens-Kapelle. Sie sind auch auf dem Pflaster des Platzes markiert. Diese Kapelle war der Sitz der Schreiberzeche, sozusagen das Hauptquartier der Notare. Sie war aber auch Friedhofskapelle, da sie ja auf dem Stephansfriedhof stand. Unter der Kapelle befand sich eine Krypta, die als Karner benützt wurde, also als »Beinhaus«, wo die Gebeine aus den Gräbern am Friedhof bei Wiederverwendung der Grabstätten aufgeschlichtet wurden.

Als die Arbeiter jedoch weitergruben, stießen sie auf eine weitere unterirdische Kapelle. Man wusste zwar, dass es eine Kapelle »unter dem Neuen Karner am Stephansfreithof« gegeben hat. Diese diente etwa Anfang des 14. Jahrhunderts als Grabstätte der Familie Chrannest. Auf Grund der neuesten Funde schätzt man heute jedoch, dass diese Kapelle um fast 100 Jahre älter und etwa gleichzeitig mit dem Riesentor von St. Stephan (1230) entstanden ist. In den zeitgenössischen Chroniken fand sich nirgends eine Erwähnung eines solchen Baues. Dies ist an sich schon eigenartig. Noch erstaunlicher war jedoch, dass man vor der östlichen Nische einen Brunnen fand – ein zweiter wird in der gegenüberliegenden Nische vermutet. Und das Sonderbarste überhaupt ist die Tatsache, dass es keinerlei Zugang gab, keine Spur von Türen oder Treppen. So muss die einzige Zugangsmöglichkeit eine Falltür gewesen sein, was beweist, dass dieser Raum von Anfang an als Gruft gedacht war Aber für wen? War es vielleicht der heilige Koloman (siehe S. 26), der hier eine prunkvolle Grabstätte erhalten sollte?

Haas-Haus

Wie immer, wenn solche Rätsel in Wien auftauchen, kommen auch Gerüchte auf. So hieß es etwa, der Raum könnte gut den Templern als Zufluchtsstätte gedient haben (siehe S. 42), als ihr Orden verboten wurde.

Heute heißt die Kapelle St. Virgil, da einer der Altäre der Krypta diesem Heiligen geweiht war. Man kann sie durch das große Fenster unten links von der Rolltreppe bewundern. Die U-Bahn-Station Stephansplatz dürfte wohl die einzige in der Welt sein, die eine solche Attraktion anzubieten hat. Wir gehen wieder hinauf in Richtung Kärntner Straße und quer über den Platz.

Stock-im-Eisen-Platz

Ehe wir uns jenem »Stock« widmen, der dem Platz den Namen gegeben hat, sollte man doch einen Blick auf das markante Gebäude werfen, das dem Dom gegenübersteht. Hans Hollein ist sein Schöpfer, und als es gebaut wurde, war es sehr umstritten. Heute, finde ich, hat es doch einen gewissen Reiz als Kontrast – und interessant ist die leicht verzerrte Spiegelung des Domes in seiner Fassade.
Ecke Kärntner Straße und Graben befindet sich eine Nische an der Hauswand. Hier steht der berühmte »Stock im Eisen«. Dieser Stock ist eigentlich ein umgestülpter Baumstamm. Was man für Äste hält, sind in Wirklichkeit Wurzeln. Vielleicht ist der Baum ein letzter Rest eines ehemaligen Waldes, den es hier einst gab, ein Grenzbaum eines Götterhaines, der, als die Gottheiten, die man hier verehrt hat, entmachtet worden waren, zum Zeichen ihres Niederganges ausgerissen und umgestülpt wurde. In der Chronik wird er erst 1533 erstmalig genannt, man glaubt aber, dass er viel älter ist.
Es war der Brauch, dass jeder Handwerksbursche, der nach Wien kam oder von Wien auszog, einen Nagel in diesen Baum hämmerte, um seine glückliche Wiederkehr zu sichern. Es ist nicht festzustellen, wann dieser Brauch aufkam; der letzte Nagel im »Stock im Eisen« soll aus dem Jahr 1832 stammen.
Die Wiener lieben dieses alte Wahrzeichen und folgende wahre Geschichte beweist diese Zuneigung:

Während der deutschen Besatzung wurde bekannt, dass man beabsichtigte, den »Stock im Eisen« in ein Schlossermuseum nach Frankfurt zu bringen. Ehe dies jedoch in die Tat umgesetzt werden konnte, war eines Nachts der alte Baum verschwunden. Erst nachdem die letzten Flammen des schrecklichen Brandes der Stephanskirche gelöscht worden waren und die letzten Deutschen sich vor der einmarschierenden russischen Armee zurückgezogen hatten, erschien der »Stock im Eisen« so plötzlich, wie er einst verschwunden war, wieder an seinem alten Platz.

Die Legende, die mit diesem nägelbeschlagenen Baum zusammenhängt, erzählt von einem Schlosserbuben, der sich mit dem Teufel einließ. Mit seiner Hilfe schmiedete er ein Band um den Baum und versah es mit einem Schloss, von dem es hieß, es könne nicht geöffnet werden. Den einzigen Schlüssel hatte der Teufel mitgenommen.

Der Lehrling wurde auf Grund dieser Arbeit zum Gesellen befördert. Er seinerseits musste dem Satan seine Seele dafür verschreiben. Das Teuflische an diesem Handel war, dass er gar nicht gefährlich schien, denn er würde nur in Kraft treten, sollte der Schlosser jemals die Sonntagsmesse versäumen.

Der Schlossergeselle begab sich, wie es der Brauch war, auf Wanderschaft und kehrte erst nach vielen Jahren nach Wien zurück. Hier hörte er, dass die Stadträte eine Belohnung ausgeschrieben hatten für den, dem es gelingen sollte, einen Schlüssel für das Schloss am »Stock im Eisen« herzustellen. Sofort meldete sich der Geselle, und obwohl der Teufel versuchte, ihn daran zu hindern, gelang es ihm, einen Schlüssel anzufertigen und das Schloss zu öffnen. So wurde er Meister und sein Ruhm verbreitete sich im ganzen Land. Er schien alles erreicht zu haben, was sich ein Mensch nur wünschen konnte, und glaubte, dass er auch den Teufel überlistet hätte. Dennoch war er immer darauf bedacht, die Sonntagsmesse nicht zu versäumen.

Satan aber wusste schon, wie er sich seinen Mann holen wollte. Er ließ den nunmehr reichen Schlosser in schlechte

Hof des Equitable Palais

Gesellschaft geraten und eines Tages geschah das Unumgängliche. Die ganze Runde hatte die Nacht feuchtfröhlich verbracht und noch am Sonntagvormittag saß man beim

Würfelspiel. Da läuteten plötzlich die Glocken die Mittagsstunde. Der erschrockene Schlosser sprang auf und rannte zum Dom, doch es war zu spät. Als er zum Tor kam, hörte er gerade noch, wie der Priester das »Ite, missa est« sagte. Im selben Augenblick hörte man ein mächtiges Brausen und ein Höllendrache stürzte sich auf den unglücklichen Mann und verschwand mit ihm in den Lüften.
Neben dem Baumstamm, Stock-im-Eisen-Platz Nr. 3–4, befindet sich das Equitable Palais, das nach der »Equitable Life Insurance Company of New York« benannt ist. Am Tor wird die Stock-im-Eisen-Sage nacherzählt. Während der Bürostunden ist das Gebäude geöffnet, und obwohl es von außen nicht sonderlich interessant erscheint, sollten Sie – wenn sich die Gelegenheit ergibt – hineingehen. Es ist eines der besten Beispiele eines Historismusbaues und Treppenhaus, Halle sowie der glasüberdachte Innenhof sind jedenfalls sehenswert.
Nun gehen wir nach links den Graben entlang, werden aber auf seine Geschichte und die einzelnen Gebäude erst am Rückweg zu sprechen kommen. Jetzt folgen wir ihm bis zur Dorotheergasse, in die wir einbiegen.

Dorotheergasse

Auch dies ist eine alte Gasse, ihren Namen verdankt sie dem Dorotheerkloster und der dazugehörigen Kirche. Es war eine elegante Gegend, denn abgesehen von dem Mönchskloster St. Dorothee stand vis-à-vis noch ein Nonnenkloster und im 17. Jahrhundert gehörte fast jedes Haus einer adeligen Familie. Obwohl einige dieser Palais mittlerweile verschwunden sind, gibt es immer noch etliche Prachtbauten in dieser Gasse.
Bald nachdem wir eingebogen sind, steht links, Nr. 3, das Graben-Hotel, wo, wie uns eine Tafel mitteilt, solche Berühmtheiten wie Franz Kafka und sein Biograf Max Brod

abgestiegen sind. Peter Altenberg, ein Schriftsteller der Schnitzler/Hofmannsthal-Generation und selbst zu Lebzeiten bereits eine legendäre Figur, war hier sogar Dauergast. Schräg gegenüber, auf Nr. 6, ist ein Kaffeehaus, das Hawelka. Es ist Treffpunkt von echten und Pseudokünstlern und ihren Jüngern. Unweit davon, auf derselben Seite, kommen wir an der Musikalienhandlung Doblinger vorbei, die für jeden Musikfreund ein Begriff und eine Fundgrube ist.

Der eindrucksvolle Bau, links auf Nr. 9, ist das Starhemberg-Palais, das aus dem 18. Jahrhundert stammt. Ernst Rüdiger von Starhemberg, der mutige Kommandant und Verteidiger Wiens während der Türkenbelagerung von 1683, wird als erster Besitzer des Grundstückes genannt. Das Palais selbst jedoch wurde erst nach seinem Tod erbaut.

Das Palais Eskeles steht auf Nr. 11. Die Frau des jüdischen Bankiers, Freiherr von Eskeles, war die Schwester der berühmteren Fanny von Arnstein und wie diese unterhielt sie einen Salon, in dem Künstler, Musiker und die Hocharistokratie verkehrten. Heute ist hier das Jüdische Museum untergebracht, das laufend Ausstellungen jüdischer Künstler präsentiert.

Wir überqueren die Plankengasse und kommen zu Nr. 17, dem Dorotheum. Dies ist das städtische Auktions- und Versatzamt, das die Wiener familiär »Tante Dorothee« nennen. Dass hier einst das alte Dorotheerkloster stand, kann man nur noch im Hof links vom Haupteingang sehen – leider ist dieser nur wochentags offen. Hier hat jemand einige sehr beschädigte Grabsteinteile gerettet, die man fand, als die Kirche und das Kloster niedergerissen wurden. Sie wurden in die linke Seitenwand eingemauert.

Auf der anderen Straßenseite sieht man die evangelische Kirche helvetischen Bekenntnisses an der Ecke. An dieser Stelle gründete im Jahr 1581 Königin Elisabeth, die Tochter Kaiser Maximilians II. und Witwe des französischen Königs Karl IX., ein Kloster, um sich darin zurückzuziehen. Ihr Leben war äußerst tragisch verlaufen; sie wurde mit 16 Jahren mit

Karl verlobt und war in Paris während der Gräuel der Bartholomäusnacht gewesen. Bald darauf verlor sie sowohl ihren Mann als auch ihr einziges Kind, eine Tochter. Mit 20 Jahren bereits Witwe, kam sie nach Wien zurück. Nur zwei Jahre später starb auch ihr Vater. Kaiser Rudolf II., ihr Bruder, übersiedelte mit dem Hof nach Prag und so entschloss sich Elisabeth ins Kloster zu gehen. Sowohl Kloster als auch Kirche wurden Maria, Königin der Engel, geweiht, und aus diesem Grund – oder aber weil es eine Königin beherbergte – nannte man das Kloster fortab Königinkloster.

Dieses Kloster war das erste, das unter Kaiser Joseph II. im Jahr 1782 aufgehoben wurde. Derselbe Monarch hatte aber ein Jahr zuvor ein Toleranzedikt erlassen, demzufolge Religionsfreiheit für Andersgläubige gegeben wurde; die evangelische Gemeinde AB war die erste, die hievon Gebrauch machte. Sie kaufte einen Teil des Grundstücks des ehemaligen Klosters (jetzt Nr. 18) und zog nach baulichen Veränderungen bereits 1783 hier ein. Laut den kaiserlichen Bestimmungen musste sich aber der Eingang an der Rückseite befinden und die Kirche durfte keinen Turm besitzen.

Wir werfen einen kurzen Blick in den hübschen Hof des Nebengebäudes, Nr. 16, mit seinen freundlichen gelben Mauern, die mit wildem Wein überwachsen sind. Rechts zwischen den halbkreisförmigen Fenstern sieht man eine Plakette zur Erinnerung an Joseph II. Denn die andere Religionsgemeinschaft, die von dem Edikt des aufgeklärten Monarchen Nutzen zog, waren die Protestanten HB, die die ehemalige Dorotheerkirche für ihre Gottesdienste übernahmen.

Wir biegen bei der Kirche in die Stallburggasse ein.

Stallburggasse

Sobald wir die Gasse betreten, fällt uns am anderen Ende das Gewirr verschieden hoher Dächer auf, von dem Dach des kleinen einstöckigen Hauses vorne (eigentlich Habs-

burgergasse) bis hinauf zu dem romanischen Querschiff, dem gotischen Dach und dem schlanken Türmchen der Michaelerkirche.
Wir gehen direkt auf das breite Tor des kleinen Hauses zu. Das letzte Gebäude links ist die Rückseite der Stallungen der Spanischen Reitschule (siehe S. 204). Hier sind die berühmten weißen Pferde untergebracht. Vor dem Gebäude steht eine kleine Hütte. Es ist Wiens kleinster Antiquitätenladen. Tatsächlich ist dieser Stadtteil ein Paradies für Sammler; fast jedes zweite Geschäft ist entweder eine Kunstsammlung oder ein Antiquitätengeschäft.
Wir überqueren die Habsburgergasse und gehen zum Eingang unter der Laterne, Nr. 14. Wir passieren das verwitterte alte Tor mit den hübschen schmiedeeisernen Verzierungen darüber und in Kürze weitet sich der schmale Gang. Wir befinden uns in einem Hof mit Geschäften zu beiden Seiten. Rechts, am Ende des Hofes, prangt ein herrliches Relief »Christus am Ölberg« aus dem Jahr 1480.

Michaelerplatz

Aus dem Durchhaus kommen wir direkt auf den Michaelerplatz. Bei einer kürzlich erfolgten Umgestaltung sind überraschende Funde zutage gekommen. Dass hier die alte römische Hochstraße vorübergeführt hat, wusste man zwar, aber dass noch Reste von Bauten aus dieser Zeit vorhanden sind, hat man erst jetzt festgestellt. 1990/91 konnten die Passanten staunend der Freilegung des historischen Wiens beiwohnen. Leider musste ein Teil dieses Freilichtmuseums wieder unter die Erde, aber immerhin kann man, quasi als Dauerausstellung, noch folgende Ausgrabungen bewundern: Reste eines römischen Hauses mit Fußbodenheizung und Wandmalerei sowie einen mittelalterlichen Brunnen; aus der Renaissance ist uns ein Stück der Mauer des »Paradeisgartl« genannten Burggartens erhalten geblieben und schließlich erkennt man noch eine Mauer und die Fundamente eines Barockhauses. Wieder einmal ist es den Archäologen gelungen, die Geschichte Wiens beeindruckend sichtbar zu machen.

Der riesige Komplex zur Linken überwältigt einen geradezu. Dies war einer der späten Anbauten der Hofburg, obwohl die Pläne hiezu von Fischer von Erlach stammen. Der Architekt Ferdinand Kirschner hat sie 1889 weitestgehend berücksichtigt.

Mit den drei grünen Kuppeln und der kunstvoll verschlungenen Schmiedeeisenarbeit über dem Tor ist der Gesamteindruck recht geglückt. Sogar die mit Statuen etwas überbevölkerten Dächer, die muskelstrotzenden Burschen zu beiden Seiten des Eingangs sowie die dramatischen Brunnen an den Ecken – die übrigens die Herrschaft zur See und die Herrschaft zu Lande darstellen – scheinen nicht aus dem Rahmen zu fallen. Die Macht des Imperiums wird hier symbolisch zur Schau gestellt.

Auf alten Stichen kann man, etwa in der Mitte zwischen dem linken Brunnen und dem großen Tor, einen sonderbaren Anbau, der in den Platz hineinragt, sehen. Hier stand das alte Burgtheater und an der Mauer ist eine diesbezügliche Erinnerungstafel angebracht.

Wenn wir nun rechts weiter um den Platz gehen, kommen wir zur Herrengasse. Das Eckhaus, Nr. 1, war einst das Palais Herberstein, und in diesem befand sich eines jener berühmten Wiener Kaffeehäuser: das Café Griensteidl. Über den Ursprung der Wiener Kaffeehäuser habe ich bereits berichtet (siehe S. 45 und 46). Was aber einem solchen Lokal den typisch wienerischen Charakter gab, hat einmal Stefan Zweig so treffend beschrieben: »Es ist eigentlich eine Art demokratischer, jedem für eine billige Schale Kaffee zugänglicher Klub, wo jeder Gast für diesen kleinen Obolus stundenlang sitzen, diskutieren, schreiben, Karten spielen, seine Post empfangen und vor allem eine unbegrenzte Zahl von Zeitungen und Zeitschriften konsumieren kann.« So hatte es sich bald eingebürgert, dass man bei einer Schale

Kaffee praktisch den ganzen Tag Zeitung lesend verbringen konnte. Man wurde nicht gedrängt, nicht gestört – der »Herr Ober« kam höchstens von Zeit zu Zeit vorbei, um das obligate Glas Wasser zu erneuern. Und diesen Charakter hat sich ein echtes Wiener Kaffeehaus bis zum heutigen Tag bewahrt.

Aber zurück zum Café Griensteidl. Sein Gründer, Heinrich Griensteidl, ein Apotheker und Gastwirt, hatte hier im Jahre 1847 sein Lokal eröffnet. Wenn er sich als Publikum die Hofbeamtenschaft erwartet hatte, wurde er insofern enttäuscht, als sich eher Intellektuelle, Politiker, aber auch Schauspieler des nahen Burgtheaters als Gäste einfanden.

Den wohl wesentlichsten Beitrag zum Ruhm dieses Kaffeehauses sollten aber die Schriftsteller erbringen: hier verkehrten Arthur Schnitzler, Felix Salten, Richard Beer-Hofmann, Hugo von Hofmannsthal und Hermann Bahr. Auch der ewige Spötter Karl Kraus war ein Stammgast, und als das »Griensteidl« 1897 abgerissen wurde, schrieb er einen Nachruf, der kaum ein gutes Haar an den Literaten jener Epoche ließ. Die sind dann, ihrer Heimat beraubt, großteils ins Café Central übersiedelt.

Das Ende des Café Griensteidl hat Wien damals arg erschüttert – aber siehe da, 1990 ist es an derselben Stelle wieder auferstanden.

Vis-à-vis, Ecke Kohlmarkt und Herrengasse, steht ein Bau aus einer gänzlich anderen Epoche. Es ist das Loos-Haus, erbaut 1911 von dem Architekten Adolf Loos. Es hat zu seiner Zeit viel Aufsehen erregt und wurde abschätzig »das Haus ohne Augenbrauen« genannt, weil es das erste Gebäude war, das keine Fenstergesimse hatte. Man fand, es sehe dadurch nackt und hässlich aus.

Ehe dieses Haus jedoch entstand, gab es hier eines, das aus anderen Gründen berühmt war. Es hieß »Das Dreilauferhaus« (die Laufer waren jene Bediensteten, die der Herrschaft mit Fackeln vorauslaufen mussten, um den Weg frei zu machen).

In diesem Haus hat sich folgende Tragödie abgespielt. Im 15. Jahrhundert lebte hier ein Harnischmacher namens Eschelbach zusammen mit seiner Gattin Margarete. Er hatte einen sehr hübschen Gesellen, der den etwas sonderlichen Namen Grünspömlein führte. Die Meisterin fand Gefallen an ihm und er schien ihre Zuneigung zu erwidern. Es dauerte nicht lange, da drängte sie ihn, er solle ihren Gemahl beseitigen. Grünspömlein besorgte ein Pulver, das die beiden Eschelbach ins Essen mischten. Es sollte unauffällig und langsam sein Werk tun. Das tat es auch: Eschelbach starb nicht sofort, sondern kränkelte dahin, aber plötzlich wurde er verrückt. Als man ihm drohte, man werde ihn in Ketten legen – die übliche Behandlung Irrsinniger -, fing er an zu toben und sprang schließlich aus dem Fenster. Er starb sofort, was allgemein den Eindruck erwecken musste, er hätte sich in einem Anfall von Wahnsinn das Leben genommen. Margarete heiratete ihren Liebhaber und niemand verdächtigte sie eines Verbrechens. Grünspömlein soll später ein einflussreicher Politiker geworden sein und man flüsterte, dass er noch öfters jenes Pulver verwendet hat, um sich unliebsamer Konkurrenten zu entledigen. Man konnte ihm jedoch nichts nachweisen und so wurde er nie angeklagt.

Michaelerkirche

Jetzt müssen wir uns aber endlich der Kirche, die dem Platz den Namen gegeben hat, widmen. Wie St. Augustin wurde auch St. Michael von den Mitgliedern des nahe liegenden Kaiserhofes benützt. Der Bau geht auf das frühe 13. Jahrhundert zurück, wurde aber im Laufe der Zeit mehrmals verändert. Von Mai bis Oktober präsentiert sich diese Kirche in einer umfassenden Ausstellung, die nicht nur das Gotteshaus selbst zeigt, sondern auch Teile des anschließenden Klosters, wie den Kreuzgang mit den Porträts der Pröpste und das Refektorium, aber auch die erstaunlichen Schätze dieser Pfarre: Monstranzen, Messgewänder und Reliquiare.

Der Eingang zu dieser Ausstellung ist – wenn wir vom Michaelerplatz kommen – links in dem Durchgang, aus dem wir gekommen sind.

Gleich in der Vorhalle links steht ein Christus, wahrlich »ein Mann der Schmerzen und umgeben mit Qual«. An der Taufkapelle vorbei treten wir nun in die Kirche selbst und wieder links ist eine Kapelle. An der linken Wand sieht man ein Relief eines betenden Mannes. Es ist das Denkmal für den österreichischen Bundeskanzler Engelbert Dollfuß, der 1934 von den Nationalsozialisten ermordet worden ist (siehe S. 217).

Ich will hier nicht einen Führer durch die Ausstellung schreiben, sondern lediglich auf einige mir besonders interessant erscheinende Einzelheiten hinweisen. Das romanische Seitenportal aus dem Jahr 1230 ist erst Ende des 20. Jahrhunderts freigelegt worden. Jahrhundertelang lag es verborgen, denn da es nicht mehr als Eingang benützt wurde, hatte man einen Schuppen daran gebaut, der als Rumpelkammer diente.

Auf ein Exponat möchte ich noch besonders hinweisen: es ist ein Kästchen mit kleinen Laden. Auf den ersten Blick vermutet man, es handle sich um einen Gewürzschrank oder eine alte Hausapotheke. Es sind jedoch weder Gewürze noch Arzneien, die sich darin befinden, sondern jede einzelne Lade, fein säuberlich beschriftet, enthält eine Heiligenreliquie, einen Zahn, den Splitter eines Daumenknochens oder den Zipfel eines Schleiers. Offensichtlich gab es unzählige solcher Reliquien, jahrhundertelang in Klöstern oder Familien liebevoll gehütet. Als dann Anfang des 19. Jahrhunderts eine staatliche Einschmelzungskampagne die kostbaren Behälter, in denen sie aufbewahrt waren, requirierte, wurde zumindest deren Inhalt vor der Vernichtung gerettet.

Ein faszinierendes, wenn auch etwas gruseliges Erlebnis ist

Grabstein der Anna Margareta Papazonin

der Besuch der Gruft. Viele Angehörige des Hofstaates und des Adels sind hier begraben und durch die eigenartige Gleichmäßigkeit der Luftfeuchtigkeit hat eine Art von Mumifizierung stattgefunden. Einige der Leichname wie auch die Kleider, in denen sie bestattet wurden, sind gut erhalten. So kann man etwa eine Dame in einem seidenen Ge-

wand sehen oder einen Höfling in Kniehosen und kurzem Mantel, aber auch eine junge Frau, die im Kindbett starb.
In der Kirche selbst wird es Ihnen auffallen, dass der Fußboden mit alten Grabsteinen gepflastert ist. Wie die meisten Wiener Kirchen war auch St. Michael einst von einem Friedhof umgeben. Durch seine Nähe zur Hofburg war dies eine bevorzugte Begräbnisstätte der Hofbeamten und bei der Auflassung des Friedhofes hat man die Grabsteine hereingebracht.
Obwohl einige von ihnen äußerst prunkvoll sind, möchte ich Sie nur auf einen aufmerksam machen. Er ist recht unscheinbar und in die Säule direkt unter der Kanzel eingemauert. Darauf sieht man ein kleines Mädchen in einem Kleid der Renaissance mit Halskrause; der tragische Text lautet: »Anna Margareta Papazonin ist verschiden den 16 Iulii ihres Alter 8 Monat und 14 Täg 1619.«
Über dem Hauptportal kann man die neu restaurierte Barockorgel bewundern.
Wir gehen nun zurück in die Kirche und rechts vor zur Nikolauskapelle; sie hat eine interessante Entstehungsgeschichte. Ein gewisser Stibo Chrezzel, Hofkoch unter Albrecht dem Weisen, wurde beschuldigt, seinen Herrn vergiftet zu haben. Albrecht erkrankte nach einer Mahlzeit und die Ärzte hingen ihn an den Füßen auf. In dieser Stellung verbrachte er viele Stunden. Obwohl diese drastische Heilmethode ihm das Leben rettete, war er zeitlebens ein Krüppel und ging in die Geschichte als »Albrecht der Lahme« ein. Aber zurück zu dem unglücklichen Chrezzel. Er sollte hingerichtet werden. Im allerletzten Augenblick gelang es ihm, seine Unschuld zu beweisen. Sein Ankläger wurde zuerst ins Narrenkotterl am Hohen Markt (siehe S. 79) gesperrt und von der Menge verspottet; zwei Wochen später hat man ihn dann auf dem Stephansfriedhof eingemauert.
Chrezzel aber ließ zum Dank für seine Errettung diese Kapelle erbauen. Sie sollte auch die Begräbnisstätte für ihn und seine Familie werden.

Einer der ältesten Grabsteine, der des Pankraz von Plankenstein, gestorben 1465, befindet sich links vom Altar. Diese Kapelle war auch der Sitz der St.-Niklas-Zeche, die Zunft der Musiker.
Hoffentlich ist es Ihnen möglich, während der Ausstellungsmonate die Kirche zu besuchen. Im Winter kann man nur einen Bruchteil all dieser Pracht sehen.
Jetzt verlassen wir aber die Kirche und wenden uns dem Kohlmarkt zu, der zu unserer Rechten liegt.

Kohlmarkt

Ein paar Worte über die Straße als solche. Mit einem Kohlkopf hat sie nichts zu tun, wie man glauben könnte. Auf diesem Markt wurde Kohle, und zwar Holzkohle verkauft.
Im Eckhaus Nr. 11, dem Großen Michaelerhaus, hat 1749 Joseph Haydn gewohnt. Als er mutierte, musste er seine Stellung als Chorknabe aufgeben und der Mesner von St. Michael verschaffte ihm Unterkunft in einer Dachkammer des Großen Michaelerhauses. Diese Kammer existiert heute nicht mehr, da später ein weiteres Stockwerk aufgebaut wurde. Der arme Haydn muss hier erbärmlich gefroren haben, da es keinerlei Heizmöglichkeit gab. Er brachte sich kümmerlich durch, indem er Klavier- und Gesangsunterricht gab.
Der Hof dieses Hauses ist ein Juwel, das Sie sich keinesfalls entgehen lassen dürfen. Man tritt durch eine dunkle Vorhalle ein, die bereits eine erstaunlich schöne Stuckdecke aufweist. Wir gehen durch die Tür am anderen Ende dieser Halle in den Hof. Hier sind so viele Jahrhunderte vereint: das romanische Langhaus, der gotische Turm mit seinem Renaissancehelm wie auch die kleine Barockkuppel einer Seitenkapelle von St. Michael einerseits, das Pawlatschenhaus und die entzückenden Wagenschuppen gegenüber andererseits. Übrigens kann man an den Balkongittern des

Barocke Wagenschuppen im Hof des Großen Michaelerhauses

Michaelerhauses noch einige der alten Aufzugswinden sehen, die größere Lasten auf diese Weise beförderten, um den mühsamen Transport über die Stiege zu vermeiden. Wenn wir aus dem Haus wieder auf den Kohlmarkt treten, bietet sich vis-à-vis das Manz'sche Verlagshaus zur Ansicht. Auch dieses Portal hat Adolf Loos (siehe S. 164) entworfen. Gleich daneben befindet sich die weltberühmte Konditorei, der Demel: »K. und K. Hofzuckerbäcker«, wie er sich immer noch stolz nennt. Das Geschäft geht auf das Jahr 1786 zurück. Damals kam ein gewisser Zuckerbäckergeselle namens Ludwig Dehne von Württemberg nach Wien. Er fand, der ideale Platz für eine Konditorei wäre gegenüber dem alten Burgtheater am Michaelerplatz (siehe S. 163), und er behielt Recht damit. Leider starb er bereits mit 29 Jahren und hinterließ das Geschäft seiner Witwe. Diese Frau heiratete den Gesellen ihres verstorbenen Mannes und die Konditorei florierte weiter und ging schließlich in den Besitz ihres Sohnes August über. Dieser junge Mann

war ein Genie und wurde weithin bekannt, nicht nur als Zuckerbäcker, sondern auch als Politiker und Soldat (während der Revolution des Jahres 1848). Jedoch sein Sohn hatte an dem Familienbetrieb keinerlei Interesse und die berühmte Konditorei wurde an den Gesellen Christoph Demel verkauft. Als das alte Burgtheater niedergerissen wurde, übersiedelte 1888 Demel an seinen heutigen Standort am Kohlmarkt Nr. 14.
Gegenüber, am Haus Nr. 9, erinnert eine Tafel daran, dass Frédéric Chopin vom November 1829 bis Juli 1830 hier gewohnt hat. Aber das war in einem Haus, das vor dem heutigen Jugendstilbau des Architekten Max Fabiani (1901) hier gestanden ist.
Diese Straße ist geradezu aufregend in der Vielseitigkeit, die sie bietet. Auf der anderen Seite, Nr. 10, ist das Kerzengeschäft Retti, das erste Portal, das der zeitgenössische Architekt Hans Hollein in Wien gebaut hat (1965). Auf Nr. 7 steht sein viel diskutiertes, sehr ornamentales Juweliergeschäft.
Wir biegen links in die Wallnerstraße ein. An diesem Eck ist das bekannte Kaffeehaus Milani gestanden. Gegründet 1770, war es das erste, das seinen Gästen eine große Auswahl an in- und ausländischen Zeitungen bot, was später zu der typisch wienerischen Atmosphäre des Kaffeehauses beitragen sollte.
An der Ecke gegenüber, Kohlmarkt Nr. 8–10, befand sich einst ein sehr beliebtes Delikatessengeschäft »Zum grünen Fassel«. Der Besitzer war ein gewisser Spöttl, der eine Schönheit zur Frau hatte. Man nannte sie allgemein »die Sardellenkönigin«. Sie soll viele Liebhaber gehabt haben, unter ihnen auch den großen Staatsmann Fürst Metternich. Sie muss wohl für die ganze Familie ein Faible gehabt haben, denn sie verteilte ihre Gunst gleichmäßig zwischen dem Vater und dem berühmten Sohn Metternich. Die unabwendbare Konfrontation der beiden ist in dem Lustspiel »Die beiden Klingsberg« (1801) von dem deutschen Dramatiker Kotzebue verewigt worden.

Wallnerstraße

Gehen wir nun die Wallnerstraße hinunter. Es ist ungewiss, woher der Name stammt. Einerseits wird angenommen, es könnte sich um eine Verballhornung von »Wallich«, das heißt welsch, also fremd, handeln, da sich entlang dieser Straße viele Ausländer angesiedelt hatten; andererseits kann es auch von den Tuchwalkern kommen, die hier ihr Gewerbe trieben.

Jedenfalls aber ist es eine alte Straße. Dort, wo heute das Palais Esterházy steht, soll einst ein Jagdschloss des Babenbergerherzogs Leopold III. (gestorben 1136) gestanden sein. Das heutige Palais wurde von Paul Esterházy im Jahre 1695 erbaut. Da sich im Hof ein Restaurant befindet, ist es offen und wir gehen hinein. Rechts durch eine Tür kommt man zu der prächtigen »Fürstenstiege« und draußen im Hof versetzt uns der Blick zum Dach mit den hohen, alten Rauchfängen und dem Turm mit seiner Uhr in das späte 17. Jahrhundert.

Wir gehen weiter in der Wallnerstraße, links zweigt die Fahnengasse ab zur Herrengasse. Darüber später.

Ein zweites Palais in dieser Straße ist ebenfalls interessant. Es ist das Palais Geymüller auf Nr. 8 mit dem statuenverzierten Portal und dem darüber liegenden kleinen Balkon. Dieses Palais war einst Sitz der französischen Botschaft. Während der Französischen Revolution war Graf Bernadotte der Botschafter. Am 13. April hisste er die neue Fahne der Republik, die Trikolore. Dies versetzte die Wiener in Wut – man muss bedenken, dass die Revolutionäre Maria Theresias Tochter Marie Antoinette hingerichtet hatten –, und sie versuchten zuerst das Tor einzuschlagen, zertrümmerten die Fenster und kletterten auf die Statuen, um die Fahne herunterzureißen. Dies gelang ihnen auch und sie trugen die erbeutete Fahne zum Platz Am Hof, wo sie unter Absingen patriotischer Lieder verbrannt wurde.

Zur Erinnerung an diese Begebenheit wurde die Straße links Fahnengasse genannt. Heute ist hier die Wiener Börse untergebracht und an Werktagen lohnt es sich, kurz die eindrucksvolle Eingangshalle und den kleinen Hof zu besuchen. Von hier gehen wir durch die Leopold-Figl-Gasse vor bis zur Herrengasse.

Herrengasse

Die »Herren«, die hier wohnten, waren natürlich adelige Herren, die sich so nah wie möglich bei der Hofburg ansiedelten. Eine der ältesten Gassen der Stadt, kann sie sogar bis in die römische Zeit zurückverfolgt werden. Ursprünglich war sie die Hauptstraße (Hochstraße), lag aber außerhalb der Stadtgrenze und wurde erst 1270 einverleibt. Als sich die Habsburger in der Hofburg niederließen, wurde sie der Sitz des Adels – fast jedes Haus war das Stadtpalais einer aristokratischen Familie. Anfang des 16. Jahrhunderts wurde hier das Niederösterreichische Landhaus gebaut und der Name der Straße auf Herrengasse geändert.

Das Haus Ecke Fahnengasse und Herrengasse (Nr. 6–8) mit seinen elf Stockwerken ist Wiens erster Wolkenkratzer nach amerikanischem Vorbild gewesen (1933). Vor diesem Bau stand hier seit dem 15. Jahrhundert das Palais der Liechtensteiner. Hier starb auch die legendäre Bertha von Liechtenstein. Nach dem Tod ihres Mannes, nach Jahren einer sehr unglücklichen Ehe, trug sie als Witwe immer nur weiße Kleider. Da dies in Österreich nicht üblich war, fand man es unpassend. Es sei wohl die einzige Sünde, die diese sonst so fromme Frau auf sich geladen hätte, hieß es. Jedenfalls war man der Ansicht, dass dies ein Grund war, warum sie nach ihrem Tod keine Ruhe finden konnte und immer wieder als Geist die Stätte ihrer Qualen besuchte. »Die weiße Frau« soll immer kurz vor einem wichtigen – guten oder schlechten – Ereignis, das der Liechtensteinfamilie bevorsteht, erscheinen.

Wir gehen nun die Leopold-Figl-Gasse weiter. Man

kommt sich direkt wie in Venedig vor, mit der »Seufzer-Brücke«, die sie überspannt. Und nun sieht man schon die Minoritenkirche vor sich auftauchen.

Minoritenplatz

Es ist ein wahrlich hochherrschaftlicher Platz, zu unserer Rechten auf Nr. 5 steht das Palais Starhemberg, das heute Ministerien beherbergt, von Nr. 4 leuchtet uns das goldene Wappen über dem Seitentor des Palais Liechtenstein entgegen, während Nr. 3 der Familie Dietrichstein als Adelssitz diente.

Es ist aber die Kirche, die dem Platz den Namen gegeben hat. Die »fratres minores«, ein Bettelorden, wurden auf Ansuchen Leopolds VI. von Franz von Assisi persönlich nach Wien gesandt. Etliche Kapellen standen bereits an diesem Platz, ehe im späten 14. Jahrhundert die heutige Kirche gebaut wurde. Heute ist sie die Nationalkirche der italienischen Gemeinde Wiens.

In diese Kirche ließ der siegreiche Rudolf von Habsburg den Leichnam seines Gegners, König Ottokar von Böhmen, bringen, als jener 1278 auf dem Schlachtfeld umkam. Man brachte den Böhmenkönig nackt in die Stadt und erst die Königin Anna, Rudolfs Gattin, hatte Erbarmen und ließ eine Purpurdecke über den verstümmelten Leib breiten. Nachdem dieser einbalsamiert worden war, wurde er 30 Wochen lang in der Minoritenkirche aufgebahrt, erst dann durfte er in seine Heimat zurückgebracht werden.

Das herrliche Hauptportal der Kirche stammt aus 1350, innen ist sie leider im Laufe der Jahrhunderte vielfach verändert worden. Wir treten ein und wenden uns einem Unikum zu: an der linken Wand befindet sich ein großes Mosaik, eine Kopie des »Letzten Abendmahls« von Leonardo da Vinci. Eigenartigerweise war es Napoleon, der diese Kopie anfertigen ließ. Während er Mailand besetzte, sah er

Minoritenkirche

das berühmte Kunstwerk und wollte ursprünglich die ganze Wand des Klosters, in dem sich das Original befindet, abtragen und nach Paris bringen lassen. Als sich dies als unmöglich erwies, beauftragte er den Maler Bossi, eine Ko-

pie auf Leinwand anzufertigen. Kurz darauf ließ er von demselben Meisterwerk ein Mosaik herstellen. Acht Jahre lang hat dieser Künstler daran gearbeitet. Als er das Werk endlich fertiggestellt hatte, war Napoleon längst nicht mehr Kaiser, und schließlich entschloss sich der österreichische Kaiser Franz I., es zu kaufen, und ließ es nach Wien bringen. Erst 1847 wurde es hier angebracht.
An den Wänden links und rechts wurden Wappenschilde aus dem 16. Jahrhundert freigelegt. Nicht versäumen soll man eine bezaubernde »Familienmadonna«, ein Werk aus dem 14. Jahrhundert, sie steht rechts vorne an einer Säule.
Wir gehen wieder hinaus und begeben uns links um die Kirche. Unter den Arkaden befinden sich uralte Grabsteine. Darüber haben sich wunderschöne gotische Maßwerkfenster erhalten.
Am Ende der Arkaden stehen wir nun an der Rückseite der Kirche und können den Turm besser sehen. Er hat eine ungewöhnliche Form. Der Oberteil des Kirchturmes wurde während der ersten Türkenbelagerung 1529 weggeschossen und der Turm erhielt ein provisorisches Dach. Und dieses Dach ist ihm bis zum heutigen Tag geblieben. Dort, wo der Turm achteckig wird, hat der Baumeister ein Selbstporträt hinterlassen.
Hier gibt es auch wieder etwas Besonderes zu sehen. Beim U-Bahn-Bau kamen die Reste der gotischen Ludwigskapelle zum Vorschein. Gestiftet von Blanche von Valois und Isabella von Aragonien wurde sie zur Grabstätte vieler adeliger Familien. Auch in der Krypta fanden sich zahlreiche Gräber, teilweise mit wertvollen Grabbeigaben. Jene Blanche von Valois soll auch in einem prachtvollen Hochgrab in dieser Kapelle beigesetzt worden sein. Es muss ein wahres Wunderwerk gewesen sein. In alten Büchern gibt es detaillierte Beschreibungen und Abbildungen davon, aber es ist angeblich um 1784 – als Joseph II. die Minoriten aus ihrer Kirche vertrieb – plötzlich verschwunden.
Rechts von der Ludwigskapelle steht das Denkmal für Leo-

pold Figl, jenem Staatsmann, dem die Österreicher den Staatsvertrag von 1955 verdanken.
Wir gehen an der Kirche entlang, bis wir zur Petrarcagasse kommen, die uns zur Bankgasse führt.

Bankgasse

Es war die Österreichisch-Ungarische Nationalbank, einst Ecke Herrengasse, die der Gasse den Namen gegeben hat, was eher eine langweilige Erklärung ist; denn die Gasse hat eine interessante Vergangenheit.
Wir biegen rechts in sie ein. Wo heute Haus Nr. 1 steht, gab es früher vier kleine, alte Häuschen. Eines von ihnen hatte einen furchterregenden Namen – »Zu den fünf Morden« hieß es.
Im Jahre 1500 lebte hier ein Bäckermeister, ein gewisser Leonhard Reisner. Er hatte einen Gesellen namens Bartholomäus, der aber nach fünf Wochen wieder auf Wanderschaft ging. In der Nacht des 23. November jedoch kam der Bursche zurück, schlich sich in das Haus und die Stiege hinauf. Zuerst ging er in die Kammer, wo er den Knecht und die Magd mit einer Axt erschlug. Der Bäcker musste etwas gehört haben, denn er kam aus seinem Schlafzimmer um zu sehen, was los sei. Kaum aber war er aus der Tür getreten, da fällte ihn schon der nächste Hieb der Axt. Der Geselle drang nun in seines ehemaligen Meisters Schlafgemach ein und erschlug die noch schlafende Bäckersfrau.
Als er die Stiege hinunterging, kam ihm das siebenjährige Töchterlein des Bäckers entgegen. Sie lächelte ihm zu und sagte: »Lieber Bartel, bitte lass mich leben, ich will dir auch meine Puppe geben und dir zeigen, wo die Schlüssel meines Vaters sind.« Aber der Unhold hörte nicht auf sie und schnitt auch ihr die Kehle durch.
Obwohl es dem Bäckergesellen gelang, bis in seine Heimatstadt Regensburg zu kommen, war er dort unvorsichtig

und ließ es sich mit dem Geld, das er von seinem ehemaligen Meister gestohlen hatte, gut gehen. Das fiel auf und bald darauf wurde er verhaftet. Als er seine grauenhaften Verbrechen gestand, sandte man ihn per Schiff nach Wien. Hier wurde er zu einer seiner Untaten entsprechenden Strafe verurteilt: es sollten ihm einzeln alle Finger abgeschnitten werden, dann sollte er mit heißen Eisen bearbeitet werden. Als Nächstes war ihm beschieden, an ein wildes Pferd gehängt und durch alle fünf Märkte von Wien geschleift zu werden. Zuletzt wurde er aus der Stadt zum Richtplatz gebracht. Dort sollte er gepfählt werden.

Als Bartholomäus seinem Henker gegenüberstand, bekannte er seine Schuld. Die vier Morde an den Erwachsenen fielen nicht so schwer auf seine Seele wie der eine an dem unschuldigen kleinen Kind, teilte er der wartenden Menge mit. Er könne einfach das Lächeln auf dem Gesicht des Mädchens nicht vergessen. Keine Strafe sei für diese Untat zu schwer.

Das Pfählen war längst abgeschafft worden, aber man hatte gefunden, dass man es für diesen besonderen Verbrecher wieder einführen müsse. Der Henker hatte jedoch darin keine Übung, und als er den Pfahl dem Delinquenten in die Gedärme stieß, schrie dieser laut: »Es geht nicht recht, zieh aus und stoß ihn anders ein!«

Gegenüber auf Nr. 2 liegt das Palais Batthyány. Hier hat die »schöne Lori« gewohnt, die einzige Frau, an der Prinz Eugen je interessiert war. Die Gräfin war die Witwe des Feldmarschalls Batthyány. Der Prinz, selbst schon sehr betagt, besuchte sie in diesem Haus allabendlich zu einer Partie Whist. Wenn er sie gegen zehn Uhr verließ, bestieg er seinen Wagen und schlief sofort ein. Sein alter Kutscher, auch bereits müde, ließ das verschlafene Pferd selbst den Heimweg finden, und der alte Kammerdiener hinten auf dem Wagen schnarchte bereits im Stehen. Wenn die Wiener dieses sonderbare Gefährt kommen sahen, flüsterten sie einander zu: »Pst! Da drinnen schlafen fast drei Jahrhunderte!«

Ein Teil des Palais wurde im 19. Jahrhundert in ein Hotel umgebaut. Dieses Hotel Klomser kam zu einem eher fragwürdigen Ruhm in Zusammenhang mit einer der größten Spionageaffären der Monarchie, denn in diesem Haus hat sich Oberst Redl umgebracht. Redl war Generalstabsoffizier und Chef des »k.k. Evidenzbüros«, des militärischen Nachrichtendienstes. Als solcher war er natürlich in der Lage, selbst in die geheimsten Dokumente Einsicht zu nehmen. Der russische Geheimdienst hatte erfahren, dass Redl homosexuell veranlagt war. Dies ermöglichte es, den Mann zu erpressen. Da Russland, Italien, Serbien und sogar Frankreich in den Besitz der Aufmarschpläne der österreichisch-ungarischen Armee für den Kriegsfall kamen, dürfte dieser Verrat den Ersten Weltkrieg beeinflusst haben.
Der letzte Akt dieser Tragödie spielte sich im Hotel Klomser ab. Am Nachmittag des 23. Mai 1913 hatte Redl seinen jungen Freund gebeten, ihn im Hotel zu besuchen. Es hatte bereits einige Zeit Unstimmigkeiten zwischen ihnen gegeben und an jenem Nachmittag muss es wohl zu einer ernsten Auseinandersetzung gekommen sein. Als sie sich trennten, war Redl entweder sehr verwirrt oder aber er wusste nur allzu gut, was er tat. Sonst wäre es unerklärlich, dass ein Spion, der seit so vielen Jahren dem – potenziellen – Feind Informationen lieferte, ohne auch nur den geringsten Verdacht zu erregen, nun so leichtsinnig in die Falle ging, die man ihm gestellt hatte.
Bei der Hauptpost lag bereits seit Monaten ein Brief an einen gewissen Nikon Nizetas, der noch nicht behoben worden war. Da kein Absender darauf angegeben war, konnte der Brief nicht zurückgesandt werden, und da ihn niemand abholte, hatte man ihn schließlich geöffnet. Erstaunlicherweise enthielt er eine Geldsumme von nicht weniger als 6000 Kronen (heute etwa 16200 Euro). Daraufhin schaltete sich die Geheimpolizei ein und stationierte drei Männer in dem Gebäude neben der Hauptpost, die, falls der mysteriöse Herr Nizetas je erscheinen sollte, um seinen Brief zu beheben, verständigt werden sollten. Das Fräulein am

Schalter wurde instruiert, eine Spezialklingel eingebaut: sollte jemand den Brief verlangen, müsse sie läuten, die drei wartenden Detektive würden sofort erscheinen.
Als Redl sodann beim Schalter erschien, entspann sich eine wilde Verfolgungsjagd, und wie in jedem guten Krimi war es schließlich der Spion selbst, der sich durch eine Unachtsamkeit entlarvte. Am selben Abend fanden sich drei Offiziere im Hotel Klomser ein. Sie stellten Redl und beschuldigten ihn glattweg des Hochverrats. Als er es nicht bestritt, überreichten sie ihm einen Revolver und verließen den Raum. Er sollte sich selbst richten.
Stundenlang sollen die drei Offiziere unten in der Herrengasse auf den Schuss gewartet haben. Als sie um fünf Uhr früh noch immer unsicher waren, ob der Schuss gefallen sei oder nicht, gingen sie hinauf in Redls Zimmer. Die Tür war offen und sie traten ein. Der Oberst lag tot am Boden, der Revolver an seiner Seite.
Am Freitod eines Offiziers wäre an sich nichts Sensationelles gewesen. Selbstmorde geschahen öfters auf Grund von Spielschulden, Liebesaffären und dergleichen. Der Geheimdienst, dem es äußerst peinlich war, zuzugeben, dass einer aus den eigenen Reihen Hochverrat begangen hatte, hoffte die ganze Affäre durch Vortäuschen eines Selbstmordes zu vertuschen. Aber der Schlosser, den man geholt hatte, um Redls Schreibtisch aufzubrechen, plauderte aus der Schule und so kam die Information in die Hände des später berühmt gewordenen »rasenden Reporters« Egon Erwin Kisch. Dadurch wurde die »Redl-Affäre« der sensationellste Skandal der österreichisch-ungarischen Monarchie im 20. Jahrhundert.
Wir kommen zur Herrengasse zurück. Vis-à-vis weht die rote Fahne der Freyung-Passage, aber ich schlage vor, dass wir dem berühmten Café Central zuerst einen Kurzbesuch abstatten, ehe wir unsere Tour fortsetzen.
Rechts, Ecke Strauchgasse, ist der Eingang in das Kaffeehaus. In diesen heiligen Hallen bietet sich eine ideale Gelegenheit, eine Schale »Gold« oder einen »Einspänner« zu be-

stellen, in memoriam der unzähligen Zelebritäten, die hier ein und aus gegangen sind.
Neben dem Eingang sitzt, wie er wohl zu Lebzeiten gesessen ist, Peter Altenberg, der sogar jahrelang als seine Adresse »Café Central, Wien I« angab. Hier konnte man sie, an kleinen Marmortischen auf Thonetsesseln, fast täglich antreffen: die Schriftsteller Franz Werfel, Alfred Polgar und Egon Friedell, aber auch Architekten wie etwa Adolf Loos, Maler wie Kokoschka und Gütersloh, Ärzte wie Freud, aber auch Politiker wie Lenin und Trotzki (damals als Bronstein bekannt).
Gestärkt gehen wir wieder hinaus in die Herrengasse und zurück zu der Freyung-Passage, die wir nun betreten.

Palais Ferstel

Direkt vor uns steht der liebliche Donaunixenbrunnen in dem glasüberdachten Hof, der wie auch das ganze Gebäude

Café Central

ein Musterbeispiel des Romantischen Historismus darstellt. Benannt ist das Gebäude nach dem Architekten Heinrich Ferstel, der noch als junger Mann dieses Allzweckgebäude entworfen hat: es sollte eine Bank, die Börse, eine Geschäftspassage, Büroräumlichkeiten sowie natürlich auch das Kaffeehaus beherbergen. Heute kann man sich hier an den Auslagen delektieren, sollte jedoch nicht verabsäumen, auch die Ornamentik der Wände, der Decke und der Schmiedeeisenkunst zu bewundern. Am anderen Ende treten wir hinaus auf die Freyung und begeben uns nach links.

Freyung

Dieser Name für den Platz ist erst später verwendet worden; anfänglich hieß es in dieser Gegend »bei den Schotten« – eine falsche Bezeichnung, denn die Mönche, die Heinrich Jasomirgott nach Wien holte und ihnen hier 1158 ein Kloster baute, kamen eigentlich aus Irland, damals auch Scotia minor genannt. Diese Mönche durften Asyl gewähren, also eine Freistatt, so entstand der heutige Name.

In der Mitte des Platzes sehen wir eine Säule, gekrönt von einer Statue. Es ist der Austriabrunnen mit den allegorischen Figuren der Flüsse Donau, Weichsel, Po und Elbe. Die gekrönte Dame mit Speer und Schild stellt Österreich dar. Mit diesem Monument hängt eine amüsante Geschichte zusammen. Der Bildhauer Ludwig Schwanthaler hatte die Figuren in München anfertigen lassen und ließ sie vor dem Versand mit Zigarren voll stopfen. So wollte er diese über die Grenze nach Österreich schmuggeln. Leider jedoch war er krank, als die Statuen in Wien eintrafen, und als er wieder gesund war, hatte man bereits den Brunnen aufgestellt und konnte an die Zigarren nicht mehr heran.

Wir gehen links den Platz entlang. Seit 1623 ist hier (Nr.

Austriabrunnen und Schubladkastenhaus

3) der Sitz der Familie Harrach. Gegen Ende des 17. Jahrhunderts wurde ein Palais gebaut, an dem der berühmte Architekt Lukas von Hildebrandt wahrscheinlich mitgewirkt hat.

Wir treten ein und gleich links ist der Eingang in die Schauräume. Da das Palais eine Außenstelle des Kunsthistorischen Museums ist, gibt es hier immer wieder großartige Ausstellungen. Aber auch ohne diese ist das Palais eines der schönsten in Wien. Wie ein Vorgeschmack von dem, was uns erwartet, steht einer jener bezaubernden Rokoko-Öfen, die wie ein goldverzierter Gupf Schlagobers aussehen. Ich glaube, in keinem der öffentlich zugänglichen Palais wird einem der Eindruck des Lebensstiles der Aristokratie so lebhaft vor Augen geführt: die Luster, die intarsierten Parkette und Tische, Marmor und Seide an den Wänden. Ein Saal schöner als der andere. Am Ende der Zimmerflucht der kleine Alkoven, von dem aus man hinüber zur prächtigen Fassade des Palais Kinsky sieht – venezianische Spiegel und wieder die entzückenden Öfen. Man könnte hier Stunden verbringen, aber wir haben noch einiges vor, also wieder hinunter und nun in den Hof. Wir halten uns rechts und kommen zu dem Tor, das uns wieder auf die Freyung hinausbringt, und da leuchtet uns schon auf Nr. 4 das Palais Kinsky entgegen.

Diesmal besteht kein Zweifel, dass Lukas von Hildebrandt diesen Bau entworfen hat (1713-1716). Heute noch im Besitz der Familie wird ein Teil des Palais als Auktionshaus genützt und kann daher während der Woche besichtigt werden, jedoch durch die Trennwende der Ausstellungsräume geht der Gesamteindruck verloren. Die Prunkstiege links ist dennoch sehenswert. Im ersten Hof hat sich ein Restaurant etabliert. Gehen wir aber weiter, denn im zweiten Hof kann man rechts noch die letzten Spuren der ehemaligen Wagenremisen sehen. Links waren die Stallungen und in den 70er-Jahren des vorigen Jahrhunderts gab es noch die Pferdeboxen mit den Namen darüber, wie etwa »Whyte Melville«, »Pretty Polly« oder »Captain«. Und links gibt es, wie um die Vergangenheit noch zu bestätigen, eine »Rösslstiege«.

Wir gehen wieder zurück zur Freyung hinaus auf den Platz. Nun steht die Schottenkirche direkt in unserem Blickfeld.

Prunkstiege des Palais Kinsky

Der heutige Bau stammt aus der Mitte des 17. Jahrhunderts. Wir gehen aber nicht hinein, sondern rechts entlang der Kirche bis zum Benediktus-Haus auf Nr. 6A. Hier befindet sich die »Romanische Kapelle«, die im Gegensatz zur Kirche auch wochentags geöffnet ist. In ihr steht Wiens älteste Marienstatue, angeblich das Werk eines Laienbruders.

Sie gilt als wundertätig seit jenem Tag im März 1645, als der gesamte Hof in Prozession hierher kam, um Hilfe gegen die Schweden zu erbitten, die vor den Stadtmauern von Wien standen. Es ist eine historische Tatsache, dass die Schweden, obwohl sie stark genug gewesen wären, die Stadt einzunehmen, plötzlich ohne ersichtlichen Grund abzogen.

Nun begeben wir uns noch vor zum Haus Nr. 7. Das ehemalige Prioratshaus wurde 1774 erbaut. Man fand es hässlich und nannte es »das Schubladkastenhaus«. Erstaunlich, dass es dennoch so viele Nachahmer in dem folgenden Jahrhundert fand.

Das Haus Ecke Renngasse, heute eine Bank, war einst ein Wirtshaus, genannt »Zum goldenen Strauß«. Hier brach 1721 die Schusterrevolte aus. Die Gesellen stürmten die Werkstätten, verprügelten die Meister und plünderten. Die Nachtwächter sollen geschossen haben, aber die Wache rührte keinen Finger, da sie mit den Gesellen sympathisierte. Der Aufstand wurde jedoch niedergeschlagen und die Anführer öffentlich gehängt. Dennoch entschloss man sich, wenigstens einige der Forderungen der »Schusterbuben« zu erfüllen (siehe S. 53).

Am anderen Ende des Gebäudes war ebenfalls ein Gasthaus, »Das rote Mandl«, untergebracht. In der ersten Hälfte des 16. Jahrhunderts galt es als Treffpunkt der Künstler und fahrenden Scholaren. Laut der Sage soll Dr. Faustus während seines Wienaufenthaltes hier viel Zeit verbracht haben. Einer seiner Freunde malte in angeheitertem Zustand einen Teufel an die Wand. Man bewunderte das Kunstwerk und Faust behauptete, er könne es zum Leben erwecken. Das tat er auch und alle Anwesenden erstarrten vor Schreck, als sie den Leibhaftigen sahen.

Heidenschuss

Von der Ecke vor der Ampel (Tiefer Graben) kann man den Türken mit dem Krummsäbel am Eckhaus vis-à-vis gut sehen. »Do der Haiden scheuzzt« hieß es hier – was allerdings zu ganz anderen Assoziationen führen könnte.
Die damit verbundene Geschichte bezieht sich auf die erste Türkenbelagerung im Jahr 1529. Damals hat der Feind bis unter die Freyung Minen gelegt, um das Haus in die Luft zu sprengen. Ein Bäckerbub, der zufällig im Keller des Hauses arbeitete, hörte sonderbare Geräusche und schlug Alarm. Er konnte die Katastrophe verhindern und als Dank dafür erlaubte Kaiser Ferdinand I. der gesamten Bäckerzunft, jeden Ostermontag einen feierlichen Umzug mit Fahnen und Musik abzuhalten.
Die heutige Statue muss jedoch späteren Datums sein, denn die Chronik spricht von einem Türken, der mit Pfeil und Bogen schießt.
Außerdem ist der Hausname »Heidenschuss« ebenso wie auch die Beschreibung eines schießenden Sarazenen mindestens 100 Jahre älter – erwähnt werden sie bereits 1429. Dies hat die Historiker veranlasst anzunehmen, dass es eher nach dem Wiener Bürgermeister Haiden, der Königin Elisabeth, die Mutter des Ladislaus Postumus (siehe S. 122), bei sich aufnahm, benannt worden war.
Rechts von dieser Statue und etwas darunter bezeugt eine Tafel, dass hier einst der Alsbach durch die Strauchgasse zur Donau geflossen ist.
Wir überqueren den Tiefen Graben und kommen wieder zu einem Platz, Am Hof (siehe S. 145, 4. Tour). Wir gehen geradeaus weiter in die Bognergasse.

Bognergasse

Hier haben die Pfeil- und Bogenmacher residiert.
Das erste interessante Haus ist Nr. 9 mit seinen Jugendstilengeln (Engelsapotheke).
Nebenan, auf Nr. 7, hing einst das gruselige Hauszeichen »Zum Totenkopf«. Es zeigte einen Totenkopf, den die Bogner als Zielscheibe beim Ausprobieren der Bögen, aber auch, um ihre Künste zu zeigen, verwendeten.
»Zum schwarzen Kameel«: immer noch hängt das Zeichen oberhalb der Delikatessenhandlung, die 1618 gegründet wurde. Der Name bezieht sich jedoch nicht auf das Tier, sondern auf den ehemaligen Besitzer des Hauses, einen gewissen Johann Baptist Cameel. Ein Nachkomme dieser Familie war der Missionar Pater Georg Josef Cameel, Apotheker und Botaniker, der viele Jahre auf den Philippinen verbrachte, wo er sich auch mit dem Sammeln von Pflanzen beschäftigte. Eine davon ist nach ihm benannt: die Kamelie.
Haus Nr. 3 trug ehemals den ungewöhnlichen Namen »Wo der Teufel mit der Bognerin rauft«. Die Sage erzählt von einem Bogner namens Caspar Bergauer, der ein bösartiges Weib hatte. Als er einst im Wirtshaus sein Leid klagte, erschien der Teufel und wettete mit ihm, dass es ihm gelingen würde, dieses widerspenstige Weib zu zähmen. Bergauer war sofort einverstanden und der Teufel begab sich zu der Bognerin. Er hatte vorsorglich die Gestalt des Bogners angenommen, und kaum war er im Haus, da bekam er schon eine Tracht Prügel von der erbosten Bergauerin. Zu guter Letzt schüttete sie ihm einen Krug kalten Wassers über den Kopf. Dies hatte eine unerwartete Wirkung, denn der Teufel erschien in seiner wahren Gestalt. Aber anstatt sich zu fürchten wurde die Bognerin nur noch wütender und warf sich auf ihn. Der arme Teufel konnte sich mit dieser Furie nicht messen. Er versuchte sich zu wehren, so gut er konnte, aber als sie ihm eines seiner Hörner ausriss, fand er es an der Zeit, sich zurückzuziehen, was er auch schleunigst durch den Rauchfang tat.

Viele Jahre hindurch befand sich am Haus folgender Reim:

Krieg ist ein arger Zeitvertreib,
Schlimmer als des Teufels Glück und List,
Gott behüt uns – ist ein böses Weib.

Graben

Am Ende der Bognergasse biegen wir nach rechts, überqueren links die Straße und bleiben, ungeachtet der vorbeiströmenden Menge, einen Augenblick stehen. Wir schauen in Richtung Kohlmarkt hinüber, müssen aber hoch hinaufblicken. In schwindelnder Höhe steht ein Pferd mit einem Reiter. Was macht der wohl da oben? möchte man wissen. Die Erklärung ist eher enttäuschend. Im 19. Jahrhundert befand sich im Haus darunter ein Geschäft mit Reiserequisiten und Waffen. Es hieß »Zum Husaren«. Die Wiener – immer mit romantischen Versionen bei der Hand – behaupten, es sei der Polenkönig Sobieski, der ihnen bei der zweiten Türkenbelagerung zu Hilfe kam. Er stehe da oben, damit er den Kahlenberg, wo er seinen berühmten Sieg errang, besser sehen könne. An der Stelle des heutigen Hauses Nr. 16 stand einst ein Gasthof, in dem Admiral Lord Nelson und seine Geliebte, Lady Hamilton, im Jahr 1800 abgestiegen sind.
Ehe wir weitergehen, lassen Sie mich ein wenig über den Graben im Allgemeinen erzählen. Wie der Name sagt, war es der Stadtgraben – und das bereits zu Zeiten der Römer. Auch im Mittelalter behielt er diese Funktion bei. Erst unter Herzog Leopold VI., dem Glorreichen, wurde er aufgefüllt und die vielen Dörfer, die mittlerweile außerhalb der Stadtbefestigung entstanden waren, wurden der Stadt einverleibt. Ein Teil des Lösegeldes, das die Engländer für den gefangenen König Richard Löwenherz bezahlten, wurde zur Einebnung des Grabens verwendet. Im Laufe der Jahr-

hunderte gab es hier alle möglichen Märkte: Mehlmarkt, Brotmarkt, Fleischmarkt, Gemüsemarkt und etwa um 1600 sogar den Christkindlmarkt. Unter Maria Theresia und Joseph II. galt der Graben als eleganteste Einkaufsstraße von Wien. Im Sommer waren hier die Limonaden- und Eisbuden. Schon damals hat man Stühle für die Gäste vor den Geschäften aufgestellt. So wurde es Mode, hier bei Limonade oder Mandelmilch zu sitzen und den feinen Leuten beim Promenieren zuzusehen. Diese Parade wurde bis spät in die Nacht hinein abgehalten. Natürlich war es dadurch ein beliebtes Jagdrevier für das älteste Gewerbe der Welt und diese Damen erhielten dementsprechend den Spitznamen »Grabennymphen«.

Etwa in der Mitte des Grabens erhebt sich ein eindrucksvolles Monument, gekrönt von der Dreifaltigkeit. Es ist die Pestsäule; Kaiser Leopold I. hatte ein Gelübde abgelegt, dass er eine Dreifaltigkeitssäule errichten würde, wenn die Pest abklingen sollte. Anfänglich stand hier nur eine hölzerne Säule, die aber 1693 durch das heutige Denkmal ersetzt wurde. Die beiden Brunnen links und rechts der Pestsäule sind dem heiligen Josef und dem heiligen Leopold (dem Schutzheiligen Österreichs) gewidmet.

Links vom Graben (bei Nr. 29) zweigt eine kleine Gasse ab. Sie heißt Trattnerhof zur Erinnerung an jenen Johann Thomas Trattner, der völlig mittellos als junger Buchdrucker nach Wien kam. Er verliebte sich in eine hübsche Komtesse, die am Graben wohnte. Sie scheint ihm jedoch den Laufpass gegeben zu haben, was ihn sehr kränkte. Später, als er sowohl reich wie auch berühmt geworden war – er hatte inzwischen geheiratet und seine Frau war gestorben –, ließ ihn die immer noch unverheiratete Komtesse wissen, dass sie einer Heirat nicht abgeneigt wäre. Er war gerade im Begriff, sich ein prunkvolles Palais vis-à-vis von ihrem Haus zu bauen, und sozusagen als Antwort auf ihre Andeutung ließ er die Atlanten am Tor so anfertigen, dass sie in unmissverständlicher Weise der Dame gegenüber den Rücken zeigten.

Auf der anderen Seite des Grabens (Nr. 13) hat Adolf Loos (siehe S. 164) eines seiner eleganten Geschäftslokale, Knize, erbaut. Es ist noch genauso wie damals. Der Treppenaufgang innen wie auch das gesamte Mobiliar sind Originale, nur der Luster im ersten Stock ist eine Kopie.
Das Haus daneben, Nr. 11 – man kann es jedoch von der linken Seite aus besser betrachten –, ist das einzige echte Barockhaus (1720), das heute noch am Graben steht. Damals war es das Palais Bartolotti. Nur der vierte Stock ist später angebaut worden. Wie schön muss der Graben gewesen sein, als auch die anderen Häuser so ausgesehen haben!
Von hier ist es nur ein paar Schritte bis zum Stephansplatz.

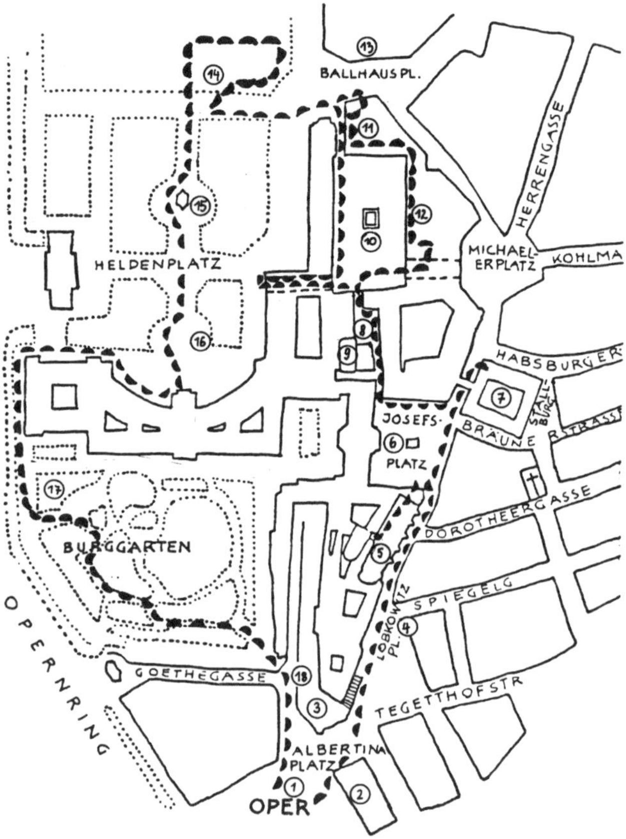

1. Oper
2. Hotel Sacher
3. Albertina
4. Lobkowitzplatz
5. Augustinerkirche
6. Josefsplatz
7. Stallburg
8. Schweizerhof
9. Burgkapelle
10. In der Burg
11. Amalienburg
12. Reichskanzleitrakt
13. Ballhausplatz
14. Kaiserin-Elisabeth-Denkmal
15. Denkmal Erzherzog Carl
16. Denkmal Prinz Eugen
17. Burggarten
18. Kaiser-Franz-Joseph-Denkmal
19. Abraham-a-Sancta-Clara-Denkmal

SECHSTE TOUR

Oper
Philharmonikerstraße
Albertinaplatz
Lobkowitzplatz
Augustinerstraße
Josefsplatz
Stallburg
Hofburg
Schweizerhof
In der Burg (1)
Ballhausplatz
In der Burg (2)
Leopoldinischer Trakt
Volksgarten
Heldenplatz
Burggarten

Die Oper

Diesmal beginnen wir unseren Spaziergang vor der Oper, denn wenn der Stephansplatz als das Herz von Wien gilt, so ist die Oper Wiens Seele.
Das Gebäude besteht aus architektonischen Elementen, die vielen verschiedenen Stilen entnommen sind: ein echter Bau des so genannten Historismus und die beiden Architekten, Siccardsburg und van der Nüll, wurden diesbezüglich scharf kritisiert. Man beschuldigte sie unter anderem, dass sie keinen eigenen Stil hätten, und als es sich herumsprach, dass auch dem Kaiser die neue Oper nicht gefiel, brachte sich van der Nüll um und innerhalb weniger Monate starb auch Siccardsburg an einem Herzinfarkt – »an gebrochenem Herzen«, sagte man.
Aber wir wollen uns nicht mit dem Äußeren befassen, denn nicht dies ist es, was die Wiener Oper zu einem Begriff werden ließ. Es gibt wenige Opernhäuser der Welt, die eine so glanzvolle Vergangenheit und brillante Gegenwart aufzuweisen haben. Ich fühle mich außerstande, dem Ruf dieser einzigartigen Institution auch nur annähernd gerecht zu werden. Ich kann nur sagen, dass die Bomben, die das Haus im März 1945 trafen, den Wienern eine der schmerzlichsten Kriegswunden zufügten. In einem Fernsehdokumentarfilm befragte man einen Augenzeugen über seine Eindrücke von damals. Er war aus seinem Geschäft in der Kärntner Straße herbeigelaufen und sah das Gebäude in Flammen stehen, das eingestürzte Dach. Ich werde diesen Mann niemals vergessen, denn noch nach 40 Jahren war die Erinnerung an diesen Augenblick so erschütternd, dass er sein Gesicht mit den Händen bedeckte und nicht weiterreden konnte: er weinte. Jene Tränen schienen mehr zu sagen als die ausführlichsten Berichte der anderen.
Nach zehnjährigem Wiederaufbau, als die letzten Besatzungstruppen Österreich verlassen hatten, war die Wiedereröffnung der Oper ein Freudenfest, nicht nur für die Wiener, sondern für alle Österreicher. Man hatte zu diesem

Anlass Beethovens »Fidelio« gewählt – ein Dank aus tiefster Seele für die wiedererlangte Freiheit.
Wenn Sie nun mit dem Rücken zum Ring vor der Oper stehen, gehen Sie nach rechts zum Herbert-von-Karajan-Platz und dann an der Ecke wieder links entlang dem Operngebäude. Unter den Arkaden geht es zu den Führungen; Opernbegeisterte werden sich eine solche kaum entgehen lassen. Ein Stück weiter, schon fast am Ende, ist eine kleine Tür – »das Bühnentürl«. Wie viele Opernfans haben hier gewartet und warten auch heute noch, bis die weltberühmten Stars nach der Vorstellung erscheinen.
So kommen wir in die Philharmonikerstraße, in die wir links einbiegen.

Philharmonikerstraße

Nach den weltberühmten Philharmonikern benannt, erinnert uns die Lage der Straße daran, dass die Mitglieder dieses Orchesters ja auch in der Staatsoper spielen.
Gegenüber der Oper steht das bekannte Hotel Sacher. Eduard Sacher, Sohn eines Gastwirts, begann seine Laufbahn als Küchenjunge bei Fürst Schwarzenberg. Nach seiner Ausbildung und einigen Jahren im Ausland eröffnete er auf der Kärntner Straße ein Delikatessengeschäft. Seine Frau Anna war die Tochter eines wohlhabenden Fleischhauers. Die beiden arbeiteten unermüdlich, bis es ihnen gelang, das Hotel in der Nähe ihres Geschäftes zu bauen. Dieses Hotel wurde in kürzester Zeit so berühmt, dass jeder, der etwas auf sich hielt, es frequentierte. Eine der Hauptattraktionen war jedoch die Inhaberin, die einmalige Frau Sacher selbst. Seit dem Tod ihres Mannes 1892 führte sie das Hotel allein. Sie rauchte Zigarren und gab mit der unverkennbar tiefen Stimme Befehle. Die Gäste hatten großen Respekt vor ihr – selbst Erzherzöge und Staatsminister konnten es sich nicht leisten, Frau Sacher zu beleidigen.

In ihrem Haus trafen sich Politiker sozusagen auf neutralem Boden. Entscheidungen, die weltweite Auswirkungen hatten, wurden hier gefällt, während die »Chambres séparées« diskret manch galantes Abenteuer sowohl des Kaiserhauses wie auch des Adels verbargen. Das handgeschriebene Menü, das Kronprinz Rudolf wenige Tage vor seinem Selbstmord in Mayerling bestellt hat, existiert noch. Und einen jener Skandale, die sich hier abspielten und lange von sich reden machten, verursachte der übermütige Erzherzog Otto, der einmal, nur mit einem Säbel bekleidet, die Treppe herunterkam.
Es gibt endlos viele Geschichten über dieses Hotel. Bücher, Theaterstücke, Filme, ja sogar ein Ballett ist darüber geschrieben worden. Das ist vielleicht der Grund, warum selbst in unserem Zeitalter des Massentourismus dieses relativ kleine und eher altmodische Hotel immer noch so beliebt ist. Es hat eben eine typisch wienerische Atmosphäre.
Die Philharmonikerstraße mündet in den Albertinaplatz.

Albertinaplatz

Gegenüber unserem Standort schließt eine hohe Rampe den Platz ab. Es ist ein Rest der alten Stadtmauer. Dort oben steht die Albertina. Sie wurde Mitte des 18. Jahrhunderts erbaut, ist aber in dem darauffolgenden Jahrhundert vielfach verändert worden. Aber eine Bombe im Zweiten Weltkrieg hat sie dann so arg beschädigt, dass sie zwar so weit wiederhergestellt wurde, dass ein Ausstellungs- und Studienbetrieb aufrechterhalten werden konnte, aber eine umfangreiche Renovierung war unumgänglich geworden.
Nun hat man diese wie auch einen Um- und Ausbau in Angriff genommen. 2003 soll die Albertina einerseits im alten Glanz wieder auferstehen, andererseits sich aber auch als modernstes Museum präsentieren können. Sie wird außer der weltberühmten Grafiksammlung, die Herzog Al-

bert von Sachsen-Teschen (siehe S. 200) begonnen hatte, Ausstellungshallen, Studienräume, die Bibliothek und Werkstätten beherbergen, die sich zum Teil unter der Rampe befinden. Außerdem ist in diesem Palais das Österreichische Filmmuseum untergebracht.
Zum ersten Mal werden dann auch die Prunkräume öffentlich zugänglich sein: das kleine Goldkabinett etwa oder das Wedgewood-Zimmer. Solche intarsierte Fußböden habe ich hierzulande noch nie gesehen und die noch vorhandenen Luster können ihresgleichen suchen. Auf jeden Fall wird Wien um eine Attraktion reicher sein.
Von der Ecke Philharmonikerstraße kann man den Turm der Augustinerkirche ausgezeichnet sehen und so ist es am günstigsten, die Geschichte der Turmuhr hier zu erzählen, während Sie sie bewundern können.
Der ungarische Graf Nádasdy pflegte bei seinen Wienaufenthalten in dem Haus Ecke Augustinerstraße/Dorotheergasse zu wohnen. Damals gab es am Turm der Kirche noch keine Uhr. Nádasdy entschloss sich, den Augustinermönchen eine Turmuhr zu schenken, wohl hauptsächlich aus Bequemlichkeit, denn nun würde er nur beim Fenster hinausschauen müssen um zu wissen, wie spät es sei.
Leider hat er die Früchte seiner Großzügigkeit nicht mehr ernten können, da seine Stunde schlug, als er 1670 wegen Landesverrat zum Tode verurteilt wurde. Nach seiner Aufsehen erregenden Hinrichtung (siehe S. 135) hatten die Augustinermönche Bedenken bezüglich dieses Geschenkes. Mehr als 40 Jahre später jedoch hatten sie diese überwunden und ließen die Turmuhr montieren.
Vor der Albertina, wo heute ein kleiner Park liegt, stand einst ein großes Gebäude, der Philipphof. Am 12. März 1945 haben ihn Bomben völlig vernichtet und Hunderte von Menschen, die sich in die Luftschutzkeller darunter geflüchtet hatten, verloren ihr Leben. Sie liegen immer noch hier begraben. Als Mahnmal dienen die Skulpturen von Alfred Hrdlicka. Das Werk hat in Wien großen Widerspruch erweckt und ist auch heute noch sehr umstritten.

Den vielen Opfern von Krieg und Faschismus ist diese Gedenkstätte gewidmet.
Wir gehen in Richtung des Augustinerturmes und überqueren den Platz, bis wir zum rechts davon liegenden Lobkowitzplatz kommen.

Lobkowitzplatz

Auf diesem Platz war einst der Schweinemarkt, der auch als Richtstätte benützt wurde. Hier sind Konrad Vorlauf (siehe S. 18) und seine Kameraden Rampersdorffer und Rockh am 11. Juli 1408 enthauptet worden. Es war ein tragisches Schicksal, das ihnen beschieden war:
Es hatte bereits seit einigen Jahren Streit im Herrscherhaus gegeben. Dieser spitzte sich weiter zu, als Albrecht IV. starb und sein Sohn Albrecht (später der V.) noch minderjährig war. Leopold IV. und Ernst der Eiserne, die Cousins des Vaters, kämpften um die Regentschaft und in diesen Kampf wurden auch die Bürger von Wien hineingezogen. So kam es, dass der Bürgermeister, Vorlauf, sich gegen Leopold auflehnte, als dieser versuchte, den Wienern Steuern aufzuerlegen, die nicht berechtigt schienen. Dies und die Tatsache, dass Vorlauf einige Handwerker, die für Leopold Partei ergriffen hatten, hinrichten ließ, gaben den Ausschlag, als Leopold die Macht ergreifen konnte. Der Bürgermeister und zwei seiner Ratsherren wurden zum Tode verurteilt.
Als man die drei Männer zum Schafott führte, soll Vorlauf darauf bestanden haben, als Erster zu sterben: »Lasst mich im Tod euer Anführer sein, wie ich es im Leben war!« Ecke Lobkowitzplatz und Gluckgasse ist eine Tafel zur Erinnerung an diese Begebenheit angebracht.
Das Palais links – zweifellos eines der elegantesten Beispiele barocker Architektur in dieser Stadt – war ursprünglich für Graf Dietrichstein erbaut worden. Das imposante Portal

wurde von Johann Bernhard Fischer von Erlach später hinzugefügt. 1783 kam das Palais in den Besitz des Fürsten Lobkowitz. Durch diese Familie ist es in die Musikgeschichte eingegangen. Beethoven hat hier viele seiner Werke uraufgeführt. In dem prunkvollen Marmorsaal ist auch seine dritte Symphonie, die Eroica, zum ersten Mal erklungen.
Heute beherbergt das Palais das Theatermuseum, dessen reichhaltige Sammlung und Ausstellungen über Persönlichkeiten der Theatergeschichte den echten Kenner begeistern werden. Wir gehen wieder zur Ecke zurück und rechts in die Augustinerstraße.

Augustinerstraße

Die Kirche und das Kloster der Augustiner sind zu unserer Linken. Heute sind sie zur Gänze eingeschlossen, auf der einen Seite von der Hofburg, auf der anderen von der Albertina.
Die Kirche wurde von Friedrich dem Schönen im 14. Jahrhundert gegründet. Ihren Ruhm verdankt sie unter anderem der Tatsache, dass sich in ihr das »Herzgrüftl« befindet, diese sonderbare Sammlung aller Habsburger-Herzen von Ferdinand II. bis Maria Theresia. Wenn man es so recht überlegt, ist es schon ein unangenehmer Gedanke, dass die Habsburger nach ihrem Tod praktisch zerstückelt wurden. Diverse Kirchen erhoben Anspruch auf das Recht, die letzte Ruhestätte der Kaiserfamilie zu sein. So sind ihre Herzen in St. Augustin, das ja die offizielle Hofburgkirche war, zu finden, ihre Eingeweide im Stephansdom und ihre Leiber in der Kapuzinergruft (siehe S. 65). Das Herzgrüftl befindet sich in der Loretto-Kapelle, kann aber nur nach telefonischer Voranmeldung oder sonntags nach dem Hochamt besichtigt werden.
Als Hofpfarrkirche hat sie auch viele kaiserliche Hochzei-

ten gesehen, unter anderen die von Maria Theresia und Franz Stephan von Lothringen im Jahr 1736 und die letzte eines regierenden Kaisers, die von Franz Joseph und Elisabeth 1854.

In der Kirche ist rechts ein sehr berühmtes Grabmal. Es stammt von dem italienischen Bildhauer Antonio Canova und ist für die Erzherzogin Maria Christina, Gattin des Herzogs Albert von Sachsen-Teschen und Maria Theresias Lieblingstochter, errichtet worden. Man sieht einen Trauerzug in das offene Grab hineingehen, um Alberts »beste Gemahlin«, wie sie die Inschrift nennt, zu beweinen. Sie wurde jedoch nicht hier begraben, sondern liegt mit den anderen Mitgliedern ihrer Familie in der Kapuzinergruft. Canovas Meisterwerk, an dem er sieben Jahre gearbeitet hat, ist somit nur als Denkmal gedacht.

Wir gehen beim Hauptportal hinaus und stehen bereits am Josefsplatz.

Josefsplatz

Wieder war es der große Reformer Joseph II., der hier eine alte Mauer niederreißen ließ und so den Platz vor der Bibliothek dem Volk zugänglich machte. Man benannte ihn dementsprechend nach diesem Kaiser, und Joseph II. wird im Gewande eines römischen Imperators hoch zu Ross dargestellt.

Der Josefsplatz ist wahrlich einer der schönsten und harmonischsten Plätze der Stadt. Einerseits der Prachtbau der Nationalbibliothek, erbaut 1721–1735 von Johann Bernhard Fischer von Erlach, rechts davon und direkt vor uns die Winterreitschule und die Redoutensäle. Hier hat im November 1992 ein verheerender Großbrand gewütet. Bilder dieser Katastrophe wurden im Fernsehen in der ganzen Welt gezeigt. Aber trotz aller Tragik muss es in dieser Nacht einige höchst sonderbare, ja sogar amüsante Szenen gege-

Prunksaal der Nationalbibliothek

ben haben. Denn als man das Feuer entdeckte, wurde es klar, dass sowohl die angrenzende Nationalbibliothek wie auch die Stallungen der Spanischen Reitschule durch Funkenflug gefährdet waren. Für die Pferde bestand aber auch die Gefahr von Rauchgasvergiftung, und um diese zu vermeiden entschied man sich, die Pferde ins Freie zu bringen. So kam es etwa, dass ein Stallbursch einem zufälligen Passanten die Zügel eines Lipizzaners in die Hand drückte und ihn bat, den Hengst in den nahen Volksgarten zu führen. Die Pferde benahmen sich unter diesen außerordentlichen Umständen erstaunlich gesittet, einige allerdings schienen dieses nächtliche Abenteuer zu genießen, wurden direkt übermütig und sprangen über Parksesseln.

Der Redoutensaal wurde fast zerstört. Inzwischen hat man ihn restauriert, darüber aber später.

Wenn wir nun auf dem Josefsplatz stehen, ist natürlich der Hauptanziehungspunkt der Mitteltrakt, die Nationalbibliothek. Sie blieb ja Gott sei Dank von dem Brand verschont. Das Dach krönt Minerva, die römische Göttin der Weisheit (in ihrem Streitwagen besiegt sie Neid und Unwissenheit), über dem ehemaligen Haupteingang, der heute nicht mehr benützt wird. Ursprünglich war das Gebäude ebenerdig als Reitschule gedacht, später aber als Wagenburg für die Hofkutschen verwendet. »Pferde unten, Bücher oben« scheint damals durchaus als akzeptable Lösung gegolten zu haben.

Anfänglich sollte die Bibliothek dazu dienen, die Büchersammlung der Habsburger in sich aufzunehmen; Karl VI. hat sie, laut der über dem Eingang befindlichen Inschrift, bereits als »öffentlich zugänglich« erklärt, was jedoch bis ins späte 19. Jahrhundert als »nur für Wissenschaftler« ausgelegt wurde. Ein amerikanischer Fernsehkommentator hat einmal behauptet, dass sich die Habsburger eine prachtvolle Bibliothek bauen ließen, obwohl sie nicht lesen konnten. Dies mag wohl witzig sein, entspricht aber keineswegs den Tatsachen.

Aus einem Grundstock von etwa 80 000 Büchern wuchs diese Bibliothek.

Später sollte sie durch die 15 000 Bände aus der Sammlung des Prinzen Eugen wie auch aus den Beständen der Klöster, die Joseph II. auflöste, erweitert werden. Heute befinden

sich im Fischer-von-Erlach-Saal etwa 200 000 Bücher. Dieser Prunksaal ist eine der Sehenswürdigkeiten von Wien, sozusagen der Inbegriff der barocken Seele, eine grandiose Mischung von Licht, Farbe, Vitalität, Pracht und Herrlichkeit. Nur ist all dies hier etwas gedämpft durch die verhaltene Pracht jener unzähligen, ledergebundenen Bände, eine Symphonie in Braun und Gold. Die Erdkugeln, die pulsierenden Statuen, das überschäumende Deckengemälde von Daniel Gran – von keinem Geringeren als Franz Anton Maulpertsch restauriert – sie alle tragen dazu bei, diesen an sich so herrlichen Bau noch zu bereichern, aber es sind die Bücher, diese Zehntausende von Bänden, die dem Saal seine einzigartige Atmosphäre verleihen.
In diesem Prunksaal gibt es auch wunderbare Ausstellungen aus den Beständen der Nationalbibliothek.
Wenn Sie nun dem Mitteltrakt der Nationalbibliothek den Rücken kehren, sind es zwei Palais, die den Platz auf der anderen Seite abschließen: das Palais Palffy (Nr. 6) und das Palais Pallavicini (Nr. 5). Das Palais Palffy ist das ältere von beiden. Es wurde im letzten Krieg stark beschädigt und sieht heute eher nüchtern aus. Es wird als Kulturzentrum benützt und bietet ein vielseitiges Programm an Vorträgen, Ausstellungen und Konzerten. Mozart soll hier bereits als Kind konzertiert haben und 1786 führte er im Kreise einiger Freunde »Die Hochzeit des Figaro« auf, noch ehe die Oper im nahen alten Burgtheater ihre offizielle Uraufführung erlebt hatte. Der Saal, in dem diese »Generalprobe« stattfand, heißt heute Figarosaal.
Das Palais Pallavicini war einst ein Teil des Königinklosters (siehe S. 160), nach dessen Auflösung wurde Ende des 18. Jahrhunderts das heutige Gebäude errichtet. Es gehört immer noch der Familie Pallavicini und ist somit Privatbesitz. Dennoch ist wochentags das Tor meist offen und man kann zumindest einen kurzen Blick in die prächtige Eingangshalle, vielleicht auch noch ins Stiegenhaus machen. Sie sind ein gutes Beispiel der prunkvollen Ausstattung solcher Adelspalais.

Aus dem Palais kommend gehen wir vor zur Ecke Bräunerstraße, wo man nachmittags oder abends Gruppen junger Leute sehen kann; sie besuchen die berühmte Tanzschule Elmayer nebenan, die nicht nur die gängigen Modetänze lehrt, sondern sich speziell mit dem Wiener Walzer befasst.
Wir überqueren die Bräunerstraße und betreten die Stallburg.

Die Stallburg

Unter den Arkaden sehen wir rechts durch die großen Fenster einen schönen Renaissancehof. Es ist die Stallburg (1558 begonnen), ursprünglich als Residenz für Maximilian II. erbaut, als er noch König von Böhmen war. Er wohnte hier jedoch nur kurz. So wurde das Gebäude als Stallung verwendet, und heute sind hier die berühmten Lipizzaner der Spanischen Reitschule untergebracht. Wenn es Ihnen nicht möglich war, eine Karte zu einer der Vorführungen der Spanischen Reitschule zu ergattern, können Sie zumindest die Morgenarbeit besuchen. Es ist ein Vergnügen, diesen prächtigen Tieren bei ihrer Dressur zuzusehen. Und da ist auch noch das Lipizzaner-Museum, das Sie besuchen können.
Der Hof der Stallburg besitzt einen wunderschönen schmiedeeisernen Brunnen, der einst vor der Amalienburg im Inneren Burghof stand. Und ehe wir weitergehen, sehen Sie hinauf: auf dem Dach sind noch jene hohen Rauchfänge, typisch für die Renaissance, die einen eigenen Reiz haben. Am Ende der Arkaden ist rechts in den Räumlichkeiten der Alten Hofapotheke das Lipizzaner-Museum untergebracht. Hier kann man Videos über die Reitschule sowie Uniformen der Bereiter, Sättel und Zaumzeuge und viele Fotos sehen. Aber ich glaube, die Hauptattraktion ist der Blick in die Stallungen. Da stehen sie direkt vor unseren Augen, die herrlichen weißen Hengste mit ihren »Rosenquarznüstern«.

Die Lipizzaner der Spanischen Reitschule

Nach diesem Genuss gehen wir hinaus, überqueren die Straße und gehen auf der anderen Seite wieder in Richtung Josefsplatz. Ein paar Schritte weiter sehen wir das Tor, durch das die Lipizzaner in die Winterreitschule zur Morgenarbeit und den Aufführungen gebracht werden.
Wieder beim Josefsplatz angelangt biegen wir diesmal nach rechts, gehen an dem Eingang zur Reitschule vorbei bis vor zum Redoutensaal. Da man ihn nicht besichtigen kann, zeigt ein Bild den wiederhergestellten Saal mit den neuen Fresken des Malers Josef Mikl. Danach kommen wir in die rechte Ecke. Ich möchte Sie gerne durch diesen eher unauffälligen Eingang – wenn man ihn mit der prunkvollen Einfahrt des Michaelertores aus dem 19. Jahrhundert vergleicht – in die Hofburg, den kaiserlichen Stadtpalast der Habsburger, führen.

Die Hofburg

»Ist dies schon Tollheit, hat es doch Methode!« Denn indem ich Sie sozusagen durch das Hintertürl hineinführe, durch den Lieferanteneingang, der es auch wirklich war, kann ich Sie auf direkterem Weg zum Herzen, zur Urzelle der Burg führen, damit ich sie Ihnen so weit wie möglich chronologisch erklären kann, was, wie Sie sehen werden, kein leichtes Unterfangen ist.

Wenn wir vom Josefsplatz in das Gebäude eintreten, vorbei an der kleinen Redoutenstiege und Schlosserstiege, kommen wir in einen kleinen Hof und schon dieser bietet eine Überraschung: links ragt der gotische Chor der Burgkapelle herein. Ursprünglich verlief hier der Graben der mittelalterlichen Burg, die an den vier Ecken mit Wehrtürmen versehen war. Dieser Graben muss recht tief gewesen sein, denn die Kapelle reichte weit in ihn hinab. Man kann heute, da der Graben aufgefüllt und der Hof gepflastert ist, gerade noch die Ornamente sehen, die den oberen Teil eines weiteren Fensters andeuten.

Dieser Graben war vermutlich auch Schauplatz von Kronbergers wagemutigem Abenteuer, Kaiser Friedrich III. zu Hilfe zu kommen, als er in der Burg belagert wurde. Die Öffnung, durch die man ihn in die Burg einschleusen wollte, kann man zwischen der Kapellenmauer und einem Fenster im 3. Stock sehen (siehe S. 119).

Wir gehen geradeaus weiter durch einen zweiten »Tunnel«. Rechts kommen wir an einer kleinen Tür vorbei. Sie führt zu der Zehrgadenstiege. Hier wurden Lebensmittel für die kaiserliche Küche geliefert und aufbewahrt. Wenn Sie eintreten, können Sie im Stiegenhaus noch jenen Eckturm der alten Befestigungsanlage ahnen, aus dem der heutige Bau hervorging.

Vor uns liegt nun ein größerer, hellerer Hof.

Der Schweizerhof

Es ist der Hof, um den die mittelalterliche Burg gebaut war. Im Laufe der Jahrhunderte hat sie sich sehr verändert. Der älteste noch erhaltene Teil ist die gotische Burgkapelle. Die Stiege, die zu ihr hinaufführt, hat man sowohl »Kirchenstiege« wie auch »Küchenstiege« genannt, Letzteres weil sich direkt darunter die Küche befand.

Der Name »Schweizerhof« stammt aus einer wesentlich späteren Zeit und geht auf jene Schweizer Landsknechte zurück, die damals das Tor und die Zugbrücke bewachten.

Aber bleiben wir bei der Burgkapelle. Es gibt Führungen und man kann sie natürlich auch von Mitte September bis Ende Juni sonntags und feiertags bei der Messe sehen. Aber die vielen Besucher, die diese eher kleine Privatkapelle der kaiserlichen Familie anzieht, kommen nicht nur, um den hübschen gotischen Bau zu bewundern oder sich seiner historischen Bedeutung zu erinnern, sondern weil hier die weltberühmten Wiener Sängerknaben zu hören sind. Der Chor besteht bereits seit den Tagen Kaiser Maximilians I., obwohl es auch schon vor dieser Zeit einen Chor und ein Orchester von Hofmusikern gegeben hat. Als Ferdinand II. zum Kaiser gekrönt wurde und Wien somit wieder Sitz des Kaiserhofes, wurde auch ein ständiges Orchester mit Chor als nötig empfunden. Diese Institution gewann an Wichtigkeit unter den komponierenden Kaisern Ferdinand III., Leopold I., Joseph I. und Karl VI. Abgesehen von den Aufführungen der königlichen Musik dieser Monarchen haben auch Haydn, Mozart, Schubert und Bruckner für diese Hofmusikkapelle komponiert.

Heute besteht sie aus Mitgliedern des Staatsopernorchesters und der Wiener Sängerknaben. Dieser Chor ist inzwischen in vier Teile zu je 24 Knaben aufgeteilt worden und hat sich als einer der beliebtesten österreichischen Exportartikel in der ganzen Welt erwiesen.

Da fast jeder Tourist, wenn er nach Wien kommt, auch einen Besuch bei den Wiener Sängerknaben einplant, möchte ich nur auf eines hinweisen, um Ihnen eine etwaige Enttäuschung zu ersparen. Sie werden an einem römisch-katholischen Gottesdienst teilnehmen, das heißt an einer religiösen Feier; es handelt sich daher nicht um ein Konzert. Dementsprechend sind die Sänger und das Orchester oben auf der Orgelempore und können nur über Fernsehschirme in der Kapelle unten gesehen werden. Auf Grund einer uralten Tradition singt der Chor in der Fastenzeit a cappella, also ohne Begleitung des Orchesters.

Wie bereits erwähnt kann man jedoch die Kapelle auch zu anderen Zeiten besichtigen und ein Besuch lohnt sich. Ursprünglich waren die Wände und die Decke bemalt. Von dieser Herrlichkeit kann man heute nur noch einen winzigen Teil sehen und der befindet sich oben neben der Orgelempore.

Links vom Altar blickt eine der »schönen« Madonnen (etwa 1410) auf uns herunter. Hinter diesem Altar steht eine Reihe von prachtvollen Statuen, die uns erhalten geblieben sind. Es handelt sich zum Großteil um Darstellungen der Nothelfer, aber es ist auch eine Verkündigungsszene darunter, eine Maria mit dem Engel, nur hat Letzterer irgendwo seine Flügel verloren. Neben diesem Engel kann man auch ein kleines Stück des gemalten Vorhanges sehen, der einst den Hintergrund aller dieser Heiligen darstellte.

Eine weitere Sehenswürdigkeit der Kapelle sind die Vielfalt und die Pracht seiner Schlusssteine, jener hängenden Steine, die die Gewölberippen abschließen.

Sehen Sie sich noch das kleine, hölzerne Kruzifix auf dem Hauptaltar an; damit ist eine Geschichte verbunden. Ferdinand II. ist als der fanatische Verfechter des römisch-katholischen Glaubens während der turbulenten Tage der Reformation in die Geschichte eingegangen. Als der Dreißigjährige Krieg ausbrach, versuchten ihn seine Ratgeber dazu zu überreden, Wien zu verlassen, aber er weigerte sich. Als das protestantische Heer vor den Toren Wiens stand, schien jede Hoffnung zu schwinden. Ferdinand besaß weder ein Heer noch Geld und er konnte sich nicht einmal auf die

Engel eines Schlusssteines der Burgkapelle

Wiener Bürger verlassen, ihm zu Hilfe zu kommen. In dieser drastischen Situation begab er sich in die Kapelle um zu beten. Als er vor dem Kreuz kniete, schien es ihm, als sagte der Heiland deutlich zu ihm: »Ferdinand, ich werde dich nicht verlassen!« Wenige Tage später war der Kaiser in seiner Burg belagert. Eine Delegation österreichischer Protestanten versuchte ihn zu bewegen, ihren Forderungen zuzustimmen. Die Auseinandersetzung wurde immer hitziger

und man hörte Rufe wie: »Ferdl, unterschreib!« und »Nandl, gib dich!«, aber Ferdinand ließ sich nicht beirren. Plötzlich erschallten Trompeten und kurz darauf Getrappel von Pferdehufen draußen im Hof. Ein Kavallerieregiment von Ferdinands Bruder Leopold war eingetroffen und rettete den Kaiser in letzter Minute.
Begeben wir uns nun wieder hinaus in den Schweizerhof. In der Ecke rechts von der Stiege ist der Eingang in die Schatzkammer. Ich persönlich finde einen Besuch bei dieser einmaligen Sammlung kaiserlicher Kronjuwelen sowie anderer habsburgischer Schätze unumgänglich. Darf ich nur einige wenige berühmte Ausstellungsobjekte anführen, um Ihren Appetit anzuregen: die achteckige Krone aus dem 10. Jahrhundert etwa, die »Stephansbursa«, die heilige Lanze, der Säbel Karls des Großen, die Reichsäpfel, Zepter und Kronen des Heiligen Römischen Reiches und des Kaiserreiches Österreich, aber auch Erinnerungen an vergangene Festlichkeiten wie Krönungs- und Taufgewänder, die Tuniken der Herolde, prachtvoll bestickt, und natürlich auch der Orden des Goldenen Vlieses. Da ist die silberne Wiege des Herzogs von Reichstadt, Napoleons Sohn; unschätzbare Tapisserien bedecken die Wände, während solche Kuriositäten wie das »Ainhorn« oder die Achatschale den zusätzlichen Kitzel des Ungewöhnlichen bieten. Von dem Reichtum der geistlichen Schatzkammer will ich gar nicht reden. Wenn es mir bis jetzt nicht gelungen ist, Ihr Interesse zu wecken, setzen wir unseren Spaziergang fort.
Unser nächstes Ziel ist das imposante rot-schwarz-goldene Renaissance-Tor, das zum Inneren Burghof des Palastes führt. Dieser prachtvolle Torbogen ist das Werk des Malers und Steinmetzen Pietro Ferrabosco. Es wurde 1552 begonnen und 1553 vollendet. Rechts davon befindet sich ein mit einem Doppeladler geschmückter Brunnen, umgeben von einem schmiedeeisernen Gitter; auch dieser wird Ferrabosco zugeschrieben.
Ehe wir den Schweizerhof verlassen, werfen Sie noch einen kurzen Blick auf die »Botschafterstiege« unter der Uhr

links. Hier soll sich einst Folgendes abgespielt haben: Als es klar wurde, dass Joseph II. keinen männlichen Erben haben würde, bat er seinen Bruder Leopold, ihm dessen Sohn Franz zu senden, damit dieser am Wiener Hof die für einen künftigen Kaiser nötige Ausbildung erhalte. Als Franz in Wien eintraf und die Kutsche bei dieser Stiege hielt, soll er sich zu seinem Kutscher gewandt haben mit den Worten: »Aus is' mit der Gaudi, Johann, ab morgen bin ich Kaiserlehrling!«

Abschließend will ich noch Ihre Aufmerksamkeit auf eine sonderbare Inschrift lenken. Am Tor selbst, linker Hand etwa 70 Zentimeter über dem Boden, ist auf einem der schwarzen Steine folgende Inschrift eingraviert: »Si deus pro nobis quis contra nos« (Wenn Gott mit uns ist, wer kann gegen uns sein). Wieder einmal ist es nicht geklärt, wer diesen Satz hier angebracht hat und was der Anlass hiezu gewesen sein mag. Es gibt drei Varianten: die eine besagt, dass es die Protestanten hier hinterließen, als sie Ferdinand belagerten; die zweite behauptet, es wäre Leopold I. gewesen, der nach dem Abzug der Türken im Beisein des gesamten Hofes diesen Satz zur Feier seiner glücklichen Heimkehr eingeritzt hat, die dritte wieder bringt den Satz in Verbindung mit dem Dreißigjährigen Krieg. Die Jahreszahl 1660 hingegen widerlegt alle diese Versionen, deren Anhänger jedoch behaupten, das Datum wäre erst später hinzugefügt worden.

Genau gegenüber dieser Inschrift, auf der rechten Seite des Tores, befindet sich eine zweite, die vielen genauso unerklärlich scheinen wird. Sie lautet: »Restaur. in memoriam Caroli Altmann 1949« und ist ein rührendes Denkmal, das ein Sohn seinem Vater gesetzt hat.

Der Sohn, Bernhard Altmann, war Textilfabrikant. Er musste Österreich verlassen, als Hitler einmarschierte. Es gelang ihm, sich und seine Familie ins Ausland zu retten. Er schaffte sich ein neues Heim in den Vereinigten Staaten, kam aber nach dem Krieg wieder nach Wien und baute hier seine Fabrik wieder auf. Als Sekretärin in dieser Firma

Schweizertor

hatte ich Gelegenheit, diesen »Grand Old Man« kennen zu lernen. Er war ein Unternehmer der alten Schule, aber auch ein großzügiger Mäzen. Er hat das, was ihn veranlasste, eine beachtliche Geldsumme zur Restaurierung des

Schweizertores zu spenden, viel besser beschrieben, als ich es kann, und ich erlaube mir daher, seine Memoiren zu zitieren:

»Als ich ungefähr sechs Jahre alt war, nahm mein Vater mich und meine Schwester mit zur Osterparade im Inneren Burghof. Das stand dieser gütige Mann vor dem so genannten Schweizertor, dem ältesten Teil der Hofburg, und trug mich und meine Schwester zwei Stunden lang auf seinen Schultern. Ich werde nie vergessen, was mein guter Vater für uns Kinder getan hat.

Als ich 1949 nach Wien zurückkehrte und sah, in was für einem erbarmungswürdigen Zustand das Schweizertor war, ließ ich es zum Andenken an meinen Vater restaurieren und es trägt die Inschrift ›in memoriam Caroli Altmann‹ bis auf den heutigen Tag.«

Während wir durch diesen großartigen Torbogen gehen, können wir noch die bemalte Decke bewundern, die die verschiedenen Wappen der österreichischen Provinzen, deren Herrscher Ferdinand war, darstellen.

In der Burg (1)

Wir kommen in einen großen Hof, der heute »In der Burg« oder aber Innerer Burghof heißt. Links und rechts vom Tor kann man noch den alten Burggraben sehen und wir gehen eben über das, was einst eine Zugbrücke gewesen ist. Wenn Sie sich nochmals umdrehen, um das Tor auch von dieser Seite zu betrachten, können Sie sogar noch die ehemaligen Zugrollen der Brücke erkennen. Über einem ornamentalen Fries aus Tierschädeln und Blumengirlanden sind die Wappen der kaiserlichen Besitztümer verewigt und die Inschrift nennt seine Titel: »Ferdinand, römischer König, König von Deutschland, Ungarn, Böhmen etc., Infant von Spanien, Erzherzog von Österreich, Herzog von Burgund etc., im Jahre 1552.«

Auch dieser Platz hat eine einmalige Faszination – und es ist verwunderlich, dass so viele Baustile ein solch harmonisches Resultat ergeben. Mit dem Rücken zum Schweizertor sehen wir uns den Platz an: direkt vor uns steht das Denkmal des Kaisers Franz (der II. als Kaiser des Heiligen Römischen Reiches Deutscher Nation und der I. als österreichischer Kaiser). Auf dem Sockel stehen die Worte: »Amorem meum populis meis« (Meine Liebe meinem Volk). Da der Monarch als äußerst geizig bekannt war, soll man diese Inschrift zynisch mit »Ja, seine Liebe, aber sonst nichts; nicht einmal ein paar Groschen für die Armen« kommentiert haben.

Am anderen Ende des Platzes steht die Amalienburg aus dem 16. Jahrhundert. Sie wurde ursprünglich von Kaiser Maximilian II. für seinen Sohn Rudolf erbaut und hieß aus diesem Grund Rudolfinischer Trakt. Aber als Rudolf Kaiser wurde, fand er Wien nicht nach seinem Geschmack und begab sich mit seinem Hof nach Prag. Der heutige Name des Traktes geht auf Kaiserin Wilhelmina Amalia, Witwe Kaiser Josephs I., zurück. Sie lebte hier bis zu ihrem Tod im Jahr 1742.

Die Amalienburg erinnert daran, dass Rudolf, obwohl er hier nie residiert hatte, doch etliche berühmte Künstler beauftragte, sich am Bau des Traktes zu beteiligen. Es war wohl Rudolfs Interesse an Astronomie, Alchemie und auch Zauberei sowie seine enge Verbindung mit dem bekannten Astronomen Tycho Brahe, die zum Teil dafür verantwortlich sind, dass es außer der Sonnenuhr auch eine »Monduhr« hier gibt. Es ist ein noch funktionierendes, recht seltenes Exemplar, das die Mondphasen anzeigt.

Gekrönt ist die Burg mit einem hübschen, grün patinierten Türmchen. Wenn Sie genau hinsehen, können Sie vielleicht ganz oben als Wetterfahne ein Pferd erkennen. Es ist das »Burgrössel«. So nannte man es und es hat vielen Wienern den täglichen Wetterbericht ersetzt. Selbst Kaiserin Elisabeth soll immer vor dem Ausreiten zum »Burgrössel« geschaut haben, um sich entsprechend danach zu richten.

Der Amalientrakt mit seinen Uhren und dem »Burgrössel«

Sie war es auch, die in diesen Räumen gewohnt hat.
Rechts an die Amalienburg grenzt der »Reichskanzleitrakt«, der ein Werk des jüngeren Fischer von Erlach ist und eine wahrlich kaiserliche Residenz darstellt. In diesem Trakt befinden sich die Kaiserappartements, in denen Kaiser Franz Joseph lebte, die er aber immer als zu groß und weitläufig empfand.

Ich glaube, ein Spaziergang durch die Hofburg ohne die kaiserlichen Räume gesehen zu haben wäre unvollständig und daher bitte ich Sie nun mir nach rechts unter die Michaelerkuppel zu folgen. Der Blick hinauf und hinaus auf den Michaelerplatz durch das schöne schmiedeeiserne Rankenwerk lohnt sich. Links ist der Eingang zu den Kaiserappartements und hier muss man Eintritt bezahlen.

Ehe Sie aber die Stiege hinaufgehen, versäumen Sie nicht einen Sprung in den Hof rechts zu machen, denn dort kann man ein Modell des ganzen Hofburgkomplexes sehen und einen Eindruck von dem gewaltigen Ensemble bekommen.

Da Sie voraussichtlich die Besichtigung mit einer Führung oder mit einem Tonbandgerät bewaffnet machen werden, will ich nur besonders auf die Fensterbahnen hinweisen, bedruckte Fahnen mit Texten, die uns Einblick gewähren in den unterschwelligen Kampf des kaiserlichen Paares um jeden Augenblick eines Privatlebens. Oder aber auf das Badezimmer und die Toilette in den Räumen der Kaiserin Elisabeth, immerhin die ersten im Kaiserhaus, wie auch auf ihre Turngeräte im Schlafzimmer. Darüber hat man sich am Hof gewiss den Mund zerrissen. Denn ihre Ideen über Körperpflege müssen ausgesprochen revolutionär gewirkt haben.

Falls Sie mit Kindern unterwegs sind, möchte ich noch darauf hinweisen, dass es spezielle Führungen für die Fünf- bis Elfjährigen gibt; nicht nur wird ihnen über das Leben am Hof der Habsburger erzählt, sie dürfen sich auch verkleiden und als Prinzen und Prinzessinnen lustwandeln.

Zu guter Letzt bekommen Sie noch die kaiserliche Tafel, für eine Mahlzeit gedeckt, zu sehen. Eine Einladung, mit dem Kaiser zu speisen, war von den Geladenen sehr gefürchtet, denn der Kaiser war bekannt dafür, dass er wenig und sehr rasch aß. Natürlich wurde ihm zuerst serviert und bis der letzte Gast bei Tisch zu essen bekommen hatte, war der Kaiser bereits fertig. Laut der strengen Etikette bei Hof

durfte niemand weiteressen, nachdem der Kaiser Messer und Gabel niedergelegt hatte. Mancher Gast ist ebenso hungrig von der Hoftafel aufgestanden, wie er sich niedergesetzt hatte. So pflegte man direkt von der Hofburg zur Frau Sacher zu gehen, um dort anständig zu soupieren.
Von der Besichtigung der Kaiserappartements kommen wir hinunter direkt auf den Ballhausplatz.

Ballhausplatz

Auf diesem Platz stand einst ein Ballhaus, in dem man eine Art von Federball spielte (siehe S. 53). Direkt gegenüber befindet sich das Bundeskanzleramt. Johann Lukas von Hildebrandt hat es für Karl VI. als »geheimbe Hofkanzlei« erbaut. Bereits unter seiner Tochter Maria Theresia wurde das Gebäude erweitert und heute ist hier das Bundeskanzleramt untergebracht. Der berühmte und gefürchtete Staatskanzler Fürst Metternich leitete von hier aus die Geschicke Österreichs, bis er im Revolutionsjahr 1848 gestürzt wurde.
In diesem Gebäude ist im 20. Jahrhundert ein Mord geschehen. Engelbert Dollfuß, der von 1932 bis 1934 Bundeskanzler war, ist hier in seinem Büro am 25. Juli 1934 umgebracht worden. An jenem Tag drangen 154 Mitglieder der damals noch illegalen SS in das Kanzleramt ein. Bis zum heutigen Tag ist nicht ganz geklärt, was sich genau abgespielt hat. Es wird geschossen, der Kanzler ist verwundet – dennoch versucht er mit den Burschen zu diskutieren. Sie werfen ihm vor, er sei am Niedergang Österreichs schuld und »übe Verrat an Deutschland«. Dollfuß versucht sie zur Vernunft zu bringen, dann aber – er ist ja verwundet – bittet er, man möge einen Arzt und einen Priester holen. Dies wird ihm verweigert und schließlich verblutet er. Man kann über Dollfuß denken, wie man will – er war immerhin ein Diktator –, dennoch war er der ers-

te und damals der einzige Staatsmann in Europa, der sich gegen Hitler stellte.
Links, noch ein Teil der Hofburg, befindet sich die Präsidentschaftskanzlei. Die österreichische Fahne darüber zeigt an, ob der Bundespräsident in seinem Amt ist. Aber der Vorbau hatte einst einen ganz anderen Zweck. In ihren letzten Jahren war Maria Theresia recht korpulent geworden, und um ihr die »Adlerstiege« zu ersparen, wurde hier eine Rampe hinauf zum ersten Stock gebaut, sodass die Kutsche bis vor die Tür des Appartements der Herrscherin fahren konnte. Diese Rampe wieder war mit der alten Bastei verbunden und beide mussten der neuen Ringstraße weichen. Da sich hier auch ein Garten befand, wurde diese Gegend wegen der angenehmen Luft »Bellaria« genannt. Heute ist auch die Straße in der Nähe des Naturhistorischen Museums unter diesem Namen bekannt.

In der Burg (2)

Wir gehen hier links ums Eck und sind wieder im Inneren Burghof. Zu unserer Rechten säumt der Leopoldinische Trakt den Hof und zuerst kommen wir zu jener Adlerstiege, die für die alternde Maria Theresia zu mühsam geworden war. Sie verdankt ihren Namen einer eigenartigen Begebenheit. Während des Spanischen Erbfolgekrieges kam eines Tages ein Adler in den Hof geflogen, ließ sich bei dieser Stiege nieder, flog aber dann weiter. Sowohl Kaiser Joseph I. wie auch alle, die diesen Vogel gesehen hatten, waren überzeugt, dass sein Erscheinen eine besondere Bedeutung hätte. Einige Tage später traf die Nachricht ein, dass an jenem Tag und zur selben Stunde der Herzog von Marlborough und Prinz Eugen die Franzosen in der Schlacht von Ramillies besiegt hatten.
An der Lakaienstiege vorbei kommen wir zur Zuckerbäckerstiege. Unter Maria Theresia bekam sie diesen Namen.

Sie führte hinauf in die Räume der Regentin. Offensichtlich sind hier die Zuckerbäcker ein und aus gegangen – was bei der großen Kinderschar (Maria Theresia hatte immerhin 16 Kindern das Leben geschenkt) nicht verwunderlich ist. Angeblich diente die Stiege außerdem sowohl dem kaiserlichen Gemahl wie auch später seinem Sohn als willkommener Fluchtweg zu heimlichen Abenteuern.
Am Ende des Traktes steht eines der ehemaligen Schilderhäuschen, die der Burgwache als Schutz dienten, wenn sie ihren Dienst versah. Dieser Hof war Schauplatz der täglichen Wachablöse. Mittags marschierte zur Musik die Wache auf, der Kaiser trat auf den Balkon heraus und salutierte. Dieses Ritual zog jedes Mal eine begeisterte Menschenmenge an. Mit Ausnahme Josephs II. waren nämlich die Habsburger ganz der Ansicht Maria Theresias: »Spektakel müssen sein!« Und die »Spektakel«, die das Kaiserhaus Jahrhunderte hindurch seinen Untertanen geboten hat, sind unzählbar: da gab es Geburtstage, Hochzeiten, Begräbnisse, Paraden, religiöse Prozessionen, Jubiläen – und dieser Hof hier in der Burg war Schauplatz von vielen von ihnen.
Rechts geht es hinaus auf den Heldenplatz. Sehen Sie sich doch einmal die Holzbalken zu Ihrer Linken an. Sie sind so abgewetzt und voller Einkerbungen. Es sind noch die alten Balken, an denen die Reiter, ehe sie in die Burg gingen, ihre Pferde angebunden haben, denn ins Innere der Burg durfte man nur zu Fuß.

Leopoldinischer Trakt

Wir biegen nach rechts ab und befassen uns vorerst nicht mit dem Heldenplatz, sondern mit dem Leopoldinischen Trakt. Leopold I., nach dem der Trakt benannt ist, war eine merkwürdige Persönlichkeit. Ursprünglich hatte man nicht damit gerechnet, dass er je regieren würde, und als er dann

– durch den unerwarteten frühen Tod seines Bruders Ferdinand – Kaiser wurde, war er unvorbereitet und sehr unglücklich über die Bürde, die ihm diese Position auferlegte. Er war ein begabter Musiker, spielte sehr gut Flöte, war selbst Komponist und dirigierte gern das Hoforchester und die Sängerknaben. Er unterstützte auch Aufführungen der Werke anderer Komponisten, und aus Anlass seiner Hochzeit wurde eigens für die Inszenierung von »Il Pomo d'Oro«, der ersten Opernaufführung in Wien, ein Theater errichtet. Wie Maria Theresia zu einem späteren Zeitpunkt war auch er von jeder Art von Spektakel begeistert, besonders wenn er selbst daran teilnehmen konnte. So partizipierte er an Opernaufführungen und mythologischen Schauspielen, führte selbst die Pferdeballette an und bot den Wienern reichlich Gelegenheit, all diesem Gepränge beizuwohnen.
Als Kunstmäzen übte er auch seinen Einfluss auf den Trakt, der nach ihm benannt ist, aus. Sieben Jahre hat man daran gebaut, doch nur wenige Monate nach der Fertigstellung brach ein Feuer aus und vernichtete ihn. Obwohl die kaiserliche Familie unbeschadet davonkam, mussten andere völlig unschuldige Menschen an den Folgen dieses Brandes leiden. Das waren die Wiener Juden; denn es kam das Gerücht auf, dass sie für den Brand verantwortlich waren. Die Kaiserin, damals erst 17 Jahre alt, war sofort bereit, diesem Märchen Glauben zu schenken. Sie war an dem bigotten, römisch-katholischen spanischen Hof erzogen worden und man hatte ihr, noch ehe sie nach Wien kam, das Gelübde abgenommen, sie werde die Juden aus dieser Stadt vertreiben. Leopold entschloss sich schließlich, wenn auch widerwillig, das Ghetto niederzureißen und die Juden (1669) auszuweisen.
Nach Leopold bewohnten auch Maria Theresia und ihr Sohn Joseph II. diesen Trakt. Jahrelang waren die Räumlichkeiten der Öffentlichkeit zugänglich, aber da nun Österreichs Bundespräsident in denselben Räumen amtiert, die einst Joseph als Büro dienten, ist dies heute nicht mehr der Fall.
Wir gehen parallel zum Leopoldinischen Trakt weiter.

Volksgarten

Geradeaus sieht man einen schwarzen Zaun, auf diesen gehen wir zu und kommen nun zum Eingang des Volksgartens. Wenn es das Wetter erlaubt, sollten Sie nun einen kleinen Abstecher in diesen Park machen. Schon vom Tor aus sieht man in der Ferne am Ende der Allee die weiße Statue der Kaiserin Elisabeth in ihrer Laube.
Nach einer Kindheit, die für die damalige Zeit ein ungewöhnliches Maß an Freiheit gewährte, konnte sich diese Frau niemals an die einengende Atmosphäre und das fast unmenschliche Zeremoniell der Wiener Hofburg gewöhnen. Weder als Kaiserin noch als Gattin war ihr Glück beschieden, obwohl Franz Joseph sie bis zu seinem Tode geliebt hat. Und da sie von ihren Kindern bereits kurz nach deren Geburt getrennt wurde, konnte sie nicht einmal bei ihnen Trost finden. Alle diese Umstände trugen dazu bei, dass sie das Leben am Wiener Hof unerträglich fand. Abgesehen von all dem war ihr beschieden, im engsten Familienbereich zwei Tragödien zu erleben. Ihre Tochter Sophie starb im Alter von zwei Jahren und sie war mit dem Selbstmord ihres Sohnes Rudolf konfrontiert. Ihr eigenes schreckliches Ende durch die Hand eines Meuchelmörders schockierte ganz Europa, scheint aber irgendwie ihrem unglücklichen Leben zu entsprechen. Sie war und ist eine tragische Figur.
Von ihrem Denkmal sind es nur einige Schritte zum Rosengarten, der während der Sommermonate ein erholsamer Aufenthaltsort ist. Am anderen Ende steht der »österreichische Shakespeare« Franz Grillparzer, umringt von den Gestalten aus seinen Dramen.
Wenn wir nun wieder in Richtung Heldenplatz gehen, kommen wir etwas unvermutet zu einem griechischen Tempel. Der Tempel selbst ist eine Kopie des Athener Theseions.
Kurz darauf kommen wir an einem Gartencafé, der Meierei, vorbei, die nur im Sommer geöffnet ist. An einem hei-

Kaiserin Elisabeth

ßen Tag kann man sich hier bei einem kleinen Imbiss oder kühlen Getränk ein wenig erholen, um für weitere Entdeckungen entsprechend gestärkt zu sein.

Heldenplatz

Wir verlassen den Volksgarten durch das Tor, das direkt zu dem Reiterdenkmal des Erzherzogs Carl führt, da dies unser nächstes Ziel ist. Das Denkmal ist von Fliederbüschen umgeben und ich halte diesen Platz für einen der schönsten in der ganzen Stadt, wenn im Frühling der Flieder in voller Blüte steht, ganz abgesehen von dem Duft, der einen umgibt, wenn man sich hier auf einer der Bänke niederlässt. Auch hat man von hier eine vortreffliche Aussicht auf den Leopoldinischen Trakt der Hofburg, der sich uns hier in voller Pracht präsentiert.

Ehe wir uns weiterbegeben, vergessen Sie nicht, dem Reiter hoch zu Ross Ihren Respekt zu erweisen. Abgesehen davon, dass er den österreichischen Helden der Napoleonischen Kriege, Erzherzog Carl, darstellt, ist auch das Denkmal an sich einmalig. Das Pferd steht mit seinem gesamten Gewicht lediglich auf den beiden Hinterbeinen. Selbst dem Bildhauer Fernkorn, der dieses Wunderwerk schuf, ist dies kein zweites Mal gelungen. Das Gegenstück, der Prinz Eugen auf der anderen Seite des Heldenplatzes, obwohl als Reiterstandbild durchaus geglückt, ist balancemäßig seinem Gegenüber nicht ebenbürtig. Es heißt auch, dass sich Fernkorn darüber so sehr gekränkt hat, dass er wahnsinnig wurde oder aber dass der bereits beginnende Wahnsinn an dem Misslingen schuld war.

Wir gehen aber weiter und überqueren den ganzen Platz zu ebenjenem anderen Reiter. Da ist er nun, Prinz Eugenius, der edle Ritter! Er diente nicht weniger als drei Kaisern: als junger, unbekannter Offizier unter Leopold I. machte er sich einen Namen im Krieg gegen die Türken; seine Karriere war blitzartig, denn bereits als General vertrieb er die Türken aus Europa. Unter Joseph I. kämpfte er gemeinsam mit dem Herzog von Marlborough im Spanischen Erbfolgekrieg und unter Karl VI. schließlich betätigte er sich als Staatsmann und Diplomat.

Hinter dem sich bäumenden Ross und seinem Reiter steht

Erzherzog Carl

das Gebäude, in dem sich der Lesesaal der Nationalbibliothek befindet. Außerdem sind in diesem Haus einige Sammlungen des Kunsthistorischen Museums untergebracht, so die alten Musikinstrumente, Waffen, Rüstungen und die Ausgrabungen aus Ephesos.
Gehen wir die Stufen zum Eingang der Bibliothek hinauf, denn von hier kann man den Heldenplatz am besten überblicken. Unter Kaiser Franz Joseph erfolgten umfangreiche Neu- und Umbauten der Hofburg. Abgesehen von dem Michaelertrakt (siehe S. 163) plante man auf dieser Seite eine Erweiterung, die sich bis zum Messepalast erstrecken sollte. Der um die Jahrhundertwende entstandene Trakt hinter uns sollte auf der Volksgartenseite ein Gegenstück erhalten, sodass auch der Heldenplatz ein in sich geschlossenes Forum geworden wäre. Glücklicherweise konnte dieser Plan nicht mehr ausgeführt werden; so hat man von hier einen sehr hübschen Blick über die Stadt und an klaren Tagen sogar bis zum Wienerwald.

Das Burgtor, eine Säulenhalle, die den Platz gegen den Ring abschließt, trägt den Wahlspruch Franz' I.: »Iustitia regnorum fundamentum« (Gerechtigkeit ist das Fundament der Herrschenden). Nach dem Zweiten Weltkrieg ist es zu einer Gedenkstätte für die Opfer des österreichischen Freiheitskampfes umgestaltet worden.
Jetzt wenden wir uns aber dem Ring zu und spazieren am Völkerkundemuseum vorbei. Ich schlage vor, dass wir uns innerhalb des Gitters halten, um dem Lärm der viel befahrenen Ringstraße zu entgehen.

Der Burggarten

Einst der Privatgarten der Hofburg, ist dieser schöne Park heute allgemein sehr beliebt. Wenn Sie auf dem inneren Weg gekommen sind, sehen Sie etwas weiter vorne eine weiße Statue leuchten. Das ist das Mozart-Denkmal. Wenn man bedenkt, welchen Platz er heute in der Musikgeschichte einnimmt, ist es doch erstaunlich, dass dieses Denkmal erst mehr als 100 Jahre nach seinem Tod errichtet wurde.
Von hier gehen wir entlang des Parkgitters, biegen links ein und bei der ersten Gelegenheit wieder nach rechts. Versteckt zwischen den Büschen steht ein Mitglied des Hauses Habsburg, von dem schon vielfach die Rede war, dem wir aber noch nicht begegnet sind. Auch jetzt sehen wir zuerst seinen Rücken: ein alter Mann in Uniform – ja, er hat, außer wenn er auf die Jagd ging, sein ganzes Leben lang Uniform getragen. Hier stehen wir endlich Franz Joseph gegenüber, dem Kaiser, der nicht weniger als 68 Jahre regiert hat. Da steht er, der arme Alte, müde nach den vielen Schicksalsschlägen, die ihn veranlassten, sich mit dem berühmten Stoßseufzer Luft zu machen: »Mir bleibt nichts erspart!«
Mit dem Abschied vom alten Kaiser sind wir auch am En-

Kaiser Franz Joseph

de unseres Spazierganges angelangt. Ehe wir den Burggarten verlassen, noch ein schneller Blick nach links zu den Glashäusern der Burg, dahinter das statuengeschmückte Dach der Albertina und der Turm der Augustinerkirche – ein hübsches Abschiedspanorama.

Wir begeben uns zum Tor in der Ecke des Gewächshauses, das uns in die Hanuschgasse bringt. Links außerhalb des Tores steht die Statue eines Mönchs. Es ist Abraham a Sancta Clara, der im 17. Jahrhundert als Prediger Berühmtheit erlangte. Seine wortgewaltigen Reden liest man auch heute noch gerne. Am anderen Ende der Hanuschgasse sieht man bereits die Staatsoper und wir sind zu unserem Ausgangspunkt zurückgekehrt.

RINGRUNDFAHRT

Die Ringstraße

Diesmal soll es kein Spaziergang werden. Ich würde es für eine Zumutung halten. Es würde zu lange dauern und wäre ermüdend.
Ich schlage vor, Sie fahren. Die Wahl des Fahrzeuges bleibt ganz Ihnen überlassen. Sollten Sie etwas Geld erübrigen können und ist das Wetter gnädig, nehmen Sie sich einen Fiaker; wenn nicht, können Sie ebenso gut zum Preis einer Fahrkarte mit der Straßenbahn um den Ring fahren. Da können Sie sich unabhängig vom Wetter gemütlich hinsetzen und die Sehenswürdigkeiten an sich vorbeiziehen lassen. Sollten Sie sich für die Straßenbahn entschieden haben, befindet sich direkt vis-à-vis von der Oper am Ring eine Haltestelle.
Ehe Sie jedoch einsteigen, möchte ich Ihnen kurz etwas über die Ringstraße erzählen. Die Stadtmauern, die noch während der Türkenbelagerung von 1683 als Wehr- und Festungsmauern funktionierten, konnten sich gegen das Napoleonische Heer 1806 nicht mehr behaupten und dienten sodann in den folgenden 50 Jahren den Wienern nur noch als beliebte Promenade. Sie wurden schließlich auf kaiserlichen Befehl (1857) geschleift und die ehemaligen Vorstädte wurden der Stadt einverleibt. An Stelle der Mauern baute man eine breite Allee, die den alten Stadtkern umgab. Alle wichtigen öffentlichen Gebäude sollten entlang dieser Prachtstraße liegen und ihre Funktion sollte durch den jeweiligen angewendeten Stil symbolisiert sein. Der hieraus resultierende Historismus ging als »Ringstraßenstil« in die Kunstgeschichte ein.
Und nun steigen Sie, bitte, in eine Straßenbahn der Linie 2 ein, suchen Sie sich wenn möglich einen Fensterplatz auf der rechten Seite und es geht los.

HINWEIS: Da der Ring eine Einbahnstraße ist, müssten Sie, falls Sie sich für eine Fiakerfahrt entschlossen haben, diesen Teil in der umgekehrten Reihenfolge lesen.

Im ersten Block, auf Kärntner Ring Nr. 4, steht eines der typischen Ringstraßen-Palais, das Palais Königswarter, in dem die langjährige Freundin des Kaisers Franz Joseph, Katharina Schratt, bis zu ihrem Tod 1940 gewohnt hat. Heute ist das Herbert von Karajan Centrum hier beheimatet, in dem Konzerte und Vorträge über Musik stattfinden. Versäumen Sie nicht nach dem zweiten und dritten Block nach rechts zu blicken, da man hier die prachtvolle barocke Karlskirche sehen kann. Mit ihrer grünen Kuppel und den beiden gold-grün gekrönten Säulen ist sie ein Werk der Fischer von Erlach, Vater und Sohn. Anschließend kommen wir zum Schwarzenbergplatz (siehe S. 61). Nur kurz zur Erinnerung: der Reiter im Vordergrund ist Fürst Schwarzenberg, weiter hinten erkennt man den Hochstrahlbrunnen und die Säule mit dem russischen Soldaten.
Aber wir nähern uns schnell der nächsten Sehenswürdigkeit. Kurz nach der Haltestelle Schwarzenbergplatz kommen wir zum Stadtpark. Die nächste Haltestelle ist zwar bei einem Eingang zu diesem Park, aber erst nachdem die Straßenbahn weiterfährt, sieht man hinein – und kann einen Augenblick lang den Walzerkönig Johann Strauß, ganz vergoldet, geigen sehen.
Ein Weilchen fahren wir am Park entlang, obwohl man von hier seine Schönheit nur ahnt, da Hecken und Bäume ihn vom Ring trennen.
Nach der nächsten Haltestelle (Wollzeile) steht das Museum für angewandte Kunst, ein Backsteinbau im italienischen Renaissancestil mit einem Sgrafittofries und anschließend die dazugehörige Akademie.
Nun können Sie bald links, etwas vom Ring zurückgesetzt, Otto Wagners Postsparkasse (siehe S. 98) ausnehmen, während gleichzeitig rechts hinter dem Reiterstandbild des berühmten österreichischen Generals Radetzky das ehema-

lige Kriegsministerium erscheint. Heute ist das Gebäude der Sitz diverser Ministerien. Radetzky scheint die Bedeutung Otto Wagners vorausgeahnt zu haben. Er kehrt dem trotzigen Ringstraßenbau den Rücken und zeigt zur Postsparkasse: »Dort müsst ihr hinschauen!«

Von der nächsten Haltestelle aus können wir bereits das eigenwillige Gebäude der Urania ausmachen. Diese Sternwarte wurde 1909/10 von Max Fabiani, einem Schüler von Otto Wagner, erbaut. Heute ist es das Volksbildungshaus Wiener Urania und abgesehen von der Sternwarte bietet es ein reichhaltiges Kulturprogramm mit seinem Kino und Vorträgen, Kursen und Konzerten.

Nun biegt die Straßenbahn nach links in den Kai ein und fährt entlang dem Donaukanal. Gleich nach dem Uraniagebäude lohnt sich ein Blick nach rechts, denn dort in einiger Entfernung hinter der Brücke kann man eine weitere Wiener Sehenswürdigkeit erkennen: das Riesenrad. Erbaut 1897, ist es immer noch ein Hauptanziehungspunkt des Wiener Volkspraters.

Die Fahrt am Kai ist nicht sehr aufregend: nicht einmal den Donaukanal sieht man, da dieser unterhalb der Straße liegt. Lediglich die Baumkronen an seinen Ufern werden sichtbar. Nach der Haltestelle Schwedenplatz sollte man jedoch nach links blicken, denn in Kürze erscheint hier die Ihnen vielleicht schon bekannte Ruprechtskirche (siehe S. 83). In der Grünanlage darunter steht auch jenes Mahnmal, das an die Opfer der Hitlerzeit, die im Hotel Metropol umgekommen sind, erinnern soll (siehe S. 86). Kurz nach der Haltestelle Salztorbrücke kann man bereits ein kleines, hübsches, blau-weißes Gebäude am anderen Kanalufer erkennen. Es ist Otto Wagners »Schützenhaus« (1906/07). Ursprünglich war es als Schleusenanlage für ein niemals gebautes Wehr errichtet worden.

Bereits von der Haltestelle Schottenring, spätestens jedoch wenn die Straßenbahn wieder links in den Ring einbiegt, können Sie rechts eine mittelalterliche Festung sehen. Ja, genau diesen Eindruck sollte sie wohl erwecken, die Rossauer Kaserne. Als sie 1869 fertiggestellt war, bemerkte man, dass die Architekten vergessen hatten, Toiletten einzubauen, was damals zu viel Spott Anlass gab. Gegenüber der nächsten Haltestelle liegt ein roter Ziegelbau im Stil eines Renaissancepalastes; die ehemalige Börse, ein Werk des Architekten Theophil Hansen. Sie wurde im Jahr 1877 eröffnet. Die Wiener Börse ist inzwischen ausgezogen und dieses Gebäude ist nun ein gewöhnliches Bürohaus geworden.

Wappnen Sie sich, denn jetzt kommt der interessanteste Teil des Ringes und Sie werden dauernd den Kopf – einmal nach links, einmal nach rechts – wenden müssen. Noch ehe wir zur nächsten Haltestelle kommen, erscheint rechts die doppeltürmige neugotische Votivkirche. Sie wurde zum Andenken an den vereitelten Mordanschlag auf Kaiser Franz Joseph erbaut.

Kaum haben wir die Station Schottentor verlassen, fahren wir bereits an der Wiener Universität vorbei (zur Geschichte siehe auch S. 103); dieser Bau ist gemäß dem Ringstraßen-Historismus im Stil der Renaissance gehalten, da diese Epoche die Geburtsstunde der akademischen Lehrstätten darstellt.

Anschließend an die Universität folgt ein Park, durch dessen Bäume bereits der hohe neugotische Turm des Rathauses sichtbar wird. Auf seiner Spitze kann man einen geharnischten Ritter erkennen – es ist der Rathausmann. Bei diesem Gebäude hat man auf die Gotik zurückgegriffen, da in jener Zeit die Bürger eine eigene Stadtverwaltung durchsetzen konnten.

Sobald die Straßenbahn jedoch stehen bleibt, wenden Sie sich nach links, denn hier, dem Rathaus gegenüber, befindet sich in prächtigem Barockstil das österreichische Nationaltheater, das Burgtheater.

Bis zur nächsten Haltestelle (Bellaria) zieht sich links der Volksgarten (siehe S. 221) den Ring entlang, rechts aber kommen wir zum Parlament. Pallas Athene wacht vor dem griechischen Tempel – Griechenland als Wiege der Demokratie –, und im Vorbeifahren kann man vielleicht noch

die beflügelten Wagenlenker mit ihren lebhaften Pferden auf dem Dach bewundern.
Kaum sind wir wieder losgefahren, erscheint rechts der Kuppelbau des Naturhistorischen Museums und gleich anschließend jener des Kunsthistorischen Museums. Dazwischen thront die Kaiserin Maria Theresia, umgeben von ihren vier berühmten Generälen hoch zu Ross. Sollten Sie trotz dieser Vielfalt zur Rechten noch Zeit haben, einen Blick nach links zu werfen, sehen Sie das Burgtor, das zum Heldenplatz (siehe S. 223) führt.
Übrigens, ist Ihnen aufgefallen, dass streckenweise unter den Bäumen noch zwei, drei Wege nebeneinander laufen? Sie scheinen den Fußgängern zugedacht. Ursprünglich jedoch war einer davon ein Reitweg. Der Gedanke wurde wieder aufgenommen, nur ist der Weg nicht für Pferde, sondern für Fahrräder freigegeben worden.
Die Haltestelle Babenbergerstraße lässt ganz andere Assoziationen aufkommen: von hier aus zog die Parade zu Ehren des Kaiserpaares anlässlich ihrer silbernen Hochzeit 1879 zum Heldenplatz. Dieses Huldigungsfest, an dem nicht weniger als 10 000 Untertanen teilnahmen, wurde von keinem Geringeren als dem berühmten Maler Hans Makart inszeniert. In historischen oder nationalen Kostümen muss dieser Zug ein prächtig buntes Bild abgegeben haben.
Nun ist es Zeit, wieder nach links zu schauen. Da, am Ende des Parks (Burggarten, siehe S. 225), thront majestätisch ein Mann, der jedoch kein Mitglied eines Kaiserhauses ist. Die Ringstraße verkörpert ja den Aufstieg des Bürgertums. Dennoch ist dieser Mann ein Fürst, der Dichterfürst der deutschen Sprache: Johann Wolfgang von Goethe. Und schnell ein Blick nach rechts; dort, etwas weiter hinten, vor dem Gebäude der Akademie der bildenden Künste, steht ein zweiter Meister der deutschen Dichtkunst: Friedrich von Schiller.
Bei der Oper, der nächsten Haltestelle, endet unsere Ringrundfahrt und somit komme ich auch zum Ende meiner Wanderungen durch die Innenstadt.

Ein Buch wie dieses kann keinerlei Ansprüche auf Vollständigkeit erheben – will es auch nicht –, sonst müsste ja jede einzelne Tour einen Band für sich füllen. Dadurch ginge jedoch der eigentliche Sinn dieser Publikation verloren, nämlich der eines handlichen Führers für den Touristen oder Wiener Spaziergänger.
Wenn es mir jedoch gelungen ist, Sie zu weiteren, eigenen Entdeckungsreisen anzuspornen, oder wenn ich Ihnen zumindest ein wenig von meiner Liebe zu dieser Stadt vermitteln konnte, so hat dieses Buch seinen Zweck erfüllt.

Namenregister

Abraham a Sancta Clara VI/227
Albert von Sachsen-Teschen, Herzog VI/196, VI/200
Albrecht II., König IV/122
Albrecht der Weise, Herzog V/168
Albrecht IV., Herzog III/86, VI/198
Albrecht V., Herzog IV/129, VI/198
Altenberg, Peter V/160
Altmann, Bernhard VI/211
Altomonte, Martin III/101
Andri, Ferdinand IV/114
Augustin, »Lieber« III/94 ff.

Batthyány, Gräfin (die schöne Lori) V/178
Beethoven, Ludwig van II/45, III/105
Bernadotte, Jean Graf V/172, IV/144, VI/195
Blanche von Valois V/176
Brahe, Tycho VI/214
Brod, Max V/159

Cameel, Johann Baptist V/188
Cameel, Pater Georg Josef V/188
Canova, Antonio VI/200
Carl, Erzherzog VI/223
Chopin, Frédéric V/171
Chrezzel, Stibor V/168
Chrannest, Familie V/154

Dehne, Ludwig V/170
Demel, Christoph V/171
Diodate, Johann II/46
Dollfuß, Engelbert V/166, VI/217
Donner, Georg Raphael II/69, IV/134
Drach, Johann Martin III/96

Ebner-Eschenbach, Marie von IV/127
Elisabeth, Königin (Mutter von Ladislaus Postumus) IV/122, 125, V/187
Elisabeth, Königin (Witwe König Karls IX.) V/160
Elisabeth (Sisi), Kaiserin VI/200, 216, 221
Ernst der Eiserne, Herzog VI/198

Esterházy, Paul Fürst V/172
Eugen von Savoyen, Prinz I/22 f., II/56, IV/116, V/178, VI/202, 223

Fabiani, Max V/171, R/230
Faustus, Doktor V/186
Federl, Georg III/110
Ferdinand I., Kaiser II/53, III/81, IV/117, V/187, VI/213
Ferdinand II., Kaiser VI/199, 207 f.
Ferdinand III., Kaiser VI/207
Ferdinand, Erzherzog III/110
Fernkorn, Anton Dominik VI/223
Ferrabosco, Pietro VI/210
Ferstel, Heinrich V/182
Figl, Leopold V/176 f.
Fischer, Johann Martin II/69
Fischer von Erlach, Johann Bernhard II/56, IV/130, 133, V/163, VI/199 f., R/229
Fischer von Erlach, Joseph Emanuel III/78, VI/215, R/229
Franz I., Kaiser von Österreich V/176, VI/214, 225
Franz Joseph I., Kaiser von Österreich VI/200, 215 f., 221, 226, R/231
Freising, Otto von IV/115
Friedrich III., Kaiser I/10, 25, 29, III/84, IV/130, VI/206
Friedrich Barbarossa, Kaiser IV/145
Friedrich der Schöne VI/199
Fuchs, Neithart I/12 f.

Gran, Daniel VI/203
Griensteidl, Heinrich V/164
Grillparzer, Franz VI/221
Guglielmi, Gregorio III/105
Gunkel, Josef IV/121

Hamilton, Lady Emma V/189
Hansen, Theophil R/231
Hardegg, Ferdinand Graf IV/145
Harrach, Familie V/183
Haydn, Joseph II/45, III/105, V/169
Heinrich II., Jasomirgott IV/114, 145, V/182
Hildebrandt, Johann Lukas von II/56, III/103, V/183, VI/217

Hochholzer, Leonhard IV/121
Hofbauer, Clemens Maria IV/141
Hollein, Hans V/171

Isabella von Aragonien V/176

Johann Nepomuk, Heiliger II/49
Joseph I., Kaiser III/78, VI/207, 214, 223
Joseph II., Kaiser I/34, II/55, 66, III/96, IV/139, 144, V/161, 190, VI/200, 211

Kafka, Franz V/159
Karl IV., Kaiser I/25
Karl VI., Kaiser I/22, IV/149, VI/202, 207, 217, 223
Karl von Lothringen, Herzog II/45, IV/147
Keckmann, Martin I/19
Kirschner, Ferdinand V/163
Kleeberger, Juliane II/49 f.
Koloman, Heiliger I/26, V/154
Kolschitzky, Georg II/45
Kornhäusel, Joseph III/82, 87
Kostka, Stanislaus, Heiliger IV/127
Kottanerin, Helene IV/122
Krapf, Cäcilie IV/150
Kronberger, Johann IV/119

Ladislaus, Postumus IV/122, 126, V/187
Laz, Wolfgang (Lazius) III/81, IV/118
Leopold III., Herzog V/172
Leopold IV., Herzog I/18, VI/198
Leopold VI., der Glorreiche, Herzog I/35, V/174, 189
Leopold I., Kaiser III/78, IV/115, 135, V/190, VI/207, 210, 219 f.
Leopold II., Kaiser VI/211
Lessing, Gotthold Ephraim IV/130
Leyden, Niklas Gerhaert van I/29
Liebenberg, Andreas von IV/147
Liechtenstein, Bertha von V/173
Lobkowitz, Franz Joseph Fürst VI/199
Loos, Adolf II/70, V/164, 170, 191
Lothringen, Franz Stephan von, Kaiser II/66, VI/200

Makart, Hans R/232
Marc Aurel, röm. Kaiser III/78
Maria Christina, Erzherzogin VI/200
Maria Theresia, Kaiserin II/66, III/102, IV/149, V/172, 192, VI/199, 218, 220, R/232
Marie Antoinette, Königin V/172
Marlborough, John Churchill, Herzog VI/223
Matsch, Franz III/77
Matthias, Kaiser II/65
Maulpertsch, Franz Anton VI/203
Maximilian I., Kaiser VI/207
Maximilian II., Kaiser V/160, VI/204, 214
Messerschmidt, Franz Xaver II/60
Metternich, Klemens Wenzel Fürst V/171, VI/217
Mozart, Wolfgang Amadeus I/34, II/38 ff., 45, 54, IV/130, 144, 147, VI/203, 225

Nádasdy, Franz Graf IV/135, VI/197
Nassau-Weilburg, Henriette Fürstin II/63
Napoleon, Kaiser von Frankreich IV/141, V/174
Nelson, Lord Horatio V/189
Nestroy, Johann Nepomuk IV/121
Nüll, Eduard van der VI/194

Oppenheimer, Samuel IV/115
Otto, Erzherzog VI/196
Otto der Fröhliche, Herzog I/12
Ottokar, König von Böhmen IV/138, V/174

Paracelsus, Theophrastus Bombastus von Hohenheim III/92, 110
Piccolomini, Äneas Silvius III/104
Pilgram, Anton I/26 ff.
Pletznik, Joseph IV/114
Prachatitz, Hans I/33 f.
Puchsbaum, Hans I/33 f.

Rákóczy, Franz Fürst II/56
Redl, Alfred, Oberst V/179
Reuental, Neidhart von I/12, IV/132
Richard Löwenherz, König von England V/189
Rochus, Heiliger IV/142
Roman, Barbara III/105
Rudolf von Habsburg, König II/141
Rudolf IV., der Stifter, Herzog I/14, 24 f., III/103

Rudolf II., Kaiser IV/145, V/161, VI/214
Rudolf, Kronprinz VI/196, 221

Sacher, Anna VI/195, 217
Sacher, Eduard VI/195
Schmelzl, Wolfgang IV/116
Schubert, Franz III/103 f.
Schwanthaler, Ludwig VI/182
Siccardsburg, August Siccard von VI/194
Sigismund, König von Ungarn III/85
Sobieski, Johann, König von Polen II/45, IV/146, V/189
Sonnenfels, Joseph III/102
Sophie, Erzherzogin VI/221
Sorbait, Dr. Paul III/82, 95
Starhemberg, Ernst Rüdiger von V/160
Steindl, Johann IV/122
Stifter, Adalbert III/87
Stosanhiml, Josefa Cornelia IV/138
St. Ruprecht III/83

Trattner, Johann Thomas V/190

Ulrich von Steyr III/88
Urssenbeck, Dr. Paul III/99

Vorlauf, Dorothea I/18
Vorlauf, Konrad I/18, VI/198

Wagner, Otto III/97 f., IV/114, R/229
Walsegg, Graf Franz von II/54
Walther von der Vogelweide IV/145
Wandl, Johann IV/117 f.
Weinheber, Josef I/24
Welser, Philippine III/110
Wenzel IV., König III/85 f., IV/118
Wiener Sängerknaben VI/207 f.
Wilhelm, Herzog II/86
Wilhelmina Amalia, Kaiserin VI/214
Windhag, Enzmüller Baron III/107
Wöckerl, Johann II/50

Zweig, Stefan V/163

Ortsregister

Adlerstiege VI/218
Adlertor I/34 f.
Akademie der bildenden Künste R/232
Akademie der Wissenschaften III/103 f.
Albertina VI/196 f., 226
Albertinaplatz VI/196 f.
Alte Hofapotheke VI/204
Alte Schmiede III/99
Amalienburg VI/214 f.
Am Hof (Kirche) IV/122, 147
Am Hof (Platz) IV/117, 145 ff., V/172, 187
Andromedabrunnen IV/134, 136
Ankeruhr III/77 ff.
Annagasse II/63 f.
Art Club (Strohkoffer) II/71
Augustinerkirche V/165, VI/199 f.
Augustinerkloster IV/127, VI/199
Augustinerstraße VI/199 f.
Auwinkel III/97
Austriabrunnen V/182 f.

Babenbergerstraße R/232
Bäckerstraße III/105 ff.
Ballgasse II/53
Ballhausplatz VI/217 f.
Bankgasse V/177 ff.
Barbaragasse III/99
Basiliskenhaus III/99
Bauernmarkt III/77, 81, IV/114 f.
Bermuda-Dreieck III/83
Blauer Karpfen II/63 f.
Blumenstockgasse II/53
Blutgasse II/41 ff.
Bognergasse IV/148, 150, V/188 f.
Böhmische Hofkanzlei IV/130, 133
Börse R/231
Botschafterstiege VI/210 f.
Brandstätte IV/114
Bräunerstraße VI/204
Brotbäckenhaus II/47
Bundeskanzleramt VI/217

Bürgerliches Zeughaus IV/147
Burggarten VI/225 ff.
Burgkapelle VI/207 ff.
Burgrössel VI/214 f.
Burgtheater (altes) V/163, 170, VI/203
Burgtheater (neues) R/231
Burgtor (äußeres) VI/225, R/232

Central, Café V/181 f.
Christkindlmarkt IV/146
Churhaus I/29
Cochplatz III/97

Demel V/171
Deutsches Haus II/38 ff.
Dienstbotenmadonna I/16 ff., 28
Domgasse II/44 ff.
Dominikanerbastei III/98
Dom- und Diözesanmuseum I/25
Donaukanal I/9, III/74, 92, R/230
Donaunixenbrunnen V/181 f.
Donnerbrunnen II/69
Dornauszieher I/10
Dorotheergasse V/159 ff., VI/197
Dorotheerkloster V/159
Dorotheum V/160
Drachengasse III/96
Dreilauferhaus V/164 f.
Dr.-Ignaz-Seipel-Platz III/103 ff.

Eligiuskapelle I/19 f.
Engelapotheke V/188
Equitable Palais V/158 f.
Erzbischöfliches Palais III/74 ff.
Erzherzog-Carl-Denkmal VI/223
Esterházykeller IV/149 f.

Fahnengasse V/173
Fähnrichshof II/42 ff.
Federlhof III/110
Fenstergucker I/27
Ferstel-Passage V/181 f.
Fleischmarkt III/94 ff.
Franziskanerkirche II/47 ff., IV/118
Franziskanerplatz II/47 ff., 53
Franz-Josefs-Kai III/86
Franz-Joseph-Denkmal VI/225 f.
Freysingergasse IV/115 ff.
Friedrichsgrab I/29
Freyung IV/146, V/182 ff.

Goethedenkmal R/232
Gösser Bierklinik IV/122
Graben IV/115, 118 f., 151, V/156, 189 ff.
Graben-Hotel V/159
Griechenbeisl III/94
Griechengasse III/88 ff.
Griensteidl, Café V/163
Großes Michaelerhaus V/169
Grünangergasse II/46 f.

Haarhof IV/150
Habsburgergasse V/162
Hafnersteig III/92
Hausmuttergottes I/20
Hawelka, Café V/160
Hanuschgasse VI/227
Heidenschuss IV/145, V/187
Heiligenkreuzerhof III/101 f.
Hieronymuskloster II/48
Hildebrandthaus III/103
Himmelpfortgasse II/55 ff.
Himmelpfortkloster I/20, II/55 f.
Heldenplatz VI/223 ff., R/232
Herrengasse V/163, 173 f., 177, 180
Herzgrüftl VI/199
Hochholzerhof IV/121
Hochstrahlbrunnen II/61 f., R/229
Hofburg IV/119, V/163, VI/205 f., 223
Hohe Brücke IV/144
Hoher Markt III/77 ff., IV/120
Huckepackhaus III/107
Hund im Korb IV/119

Innerer Burghof V/210, 213 ff.
Irisgasse IV/148 f.

Jasomirgottstraße IV/114
Jesuitenkirche III/103 ff.
Johannesgasse II/58 ff.
Jordan, Zum großen IV/129 f.
Jordangasse IV/131
Josefsplatz VI/200 ff., 205 f.
Judengasse III/78, 80 ff.
Judenplatz IV/126 ff.
Jungferngasse IV/118 ff.

Kapuzinergruft II/65 ff., VI/199
Karlskirche R/229
Kärntner Bar II/70
Kärntner Durchgang II/70 f.
Kärntner Straße I/8, II/64 f., 71, V/156, VI/194 f.

Katharinenkapelle I/15
Kleiner Bischofshof II/45
Klein-Mariazellerhof II/63
Klomser, Hotel V/179 f.
Kohlmarkt V/164, 169 ff., 189
Köllnerhofgasse III/102
Kolomanstein I/25
Kornhäuselturm III/82, 87
Kramergasse III/77
Kremsmünster-Hof II/64
Kriegsministerium (ehem.) III/97, R/229 f.
Kunsthistorisches Museum VI/224, R/232
Kühfußgasse IV/120
Kurrentgasse IV/127 f.
Küssdenpfennig-Haus III/90

Lakaienstiege VI/218
Lazenhof III/81
Leopoldinischer Trakt (Hofburg) VI/219 f.
Lessingdenkmal IV/130 f.
Lichtensteg III/76 f.
Lobkowitzplatz VI/198 f.
Ludlamshöhle II/53
Lugeck III/109 ff.

Mailbergerhof II/63
Malteserkirche II/65
Manz'sches Verlagshaus V/170
Marc-Aurel-Straße III/78, IV/133
Marco-d'Aviano-Gasse II/65
Maria am Gestade IV/138 ff.
Maria-Theresia-Denkmal R/232
Mariensäule IV/147
Markleinsches Haus IV/146
Messepalast VI/224
Michaelerkirche V/165 ff.
Michaelerplatz V/162 ff.
Michaelertor VI/205
Michaelertrakt (Hofburg) VI/224
Minoritenkirche V/174 ff.
Minoritenplatz VI/174 ff.
Mosesbrunnen II/48
Mozartdenkmal VI/225
Museum für angewandte Kunst R/229

Naglergasse IV/149 ff.
Narrenkotterl III/79, V/168
Nationalbibliothek VI/200 ff., 223 f.
Naturhistorisches Museum VI/218, R/232
Neuer Markt II/65 ff.
Niederösterreichisches Landhaus V/173

Ofenloch IV/128
Oper VI/194 f., 227, R/228

Palais
– Batthyány V/178
– Bertolotti V/191
– Collalto IV/147
– Dietrichstein V/174
– Erdödy-Fürstenberg II/56
– Erzherzog Carl II/63
– Esterházy II/65, V/172
– Ferstel V/181 f.
– Fürstenberg II/46 f.
– Geymüller V/172
– Harrach V/182 ff.
– Herberstein V/163
– Kinsky V/184 f.
– Liechtenstein V/173
– Lobkowitz VI/198 f.
– Neupauer-Breuner II/41
– Palffy VI/203
– Pallavicini VI/203
– Schwarzenberg II/62
– Starhemberg V/160, 174
Parisergasse IV/127
Parlament R/231 f.
Passauer Platz IV/142
Peilertor IV/150
Pestsäule V/190
Peterskirche III/82, IV/117 f.
Petersplatz IV/116 ff.
Petrarcagasse V/177
Philharmonikerstraße VI/195 f.
Philipphof VI/197
Postgasse III/97
Postsparkasse III/97 ff., R/229
Praghaus III/85 f.
Präsidentschaftskanzlei VI/218
Prinz-Eugen-Denkmal VI/223
Puppenmuseum IV/127

Rabensteig III/87
Radetzkydenkmal R/229
Rathaus (altes) IV/133
Rathaus (neues) IV/134, R/231
Rauhensteingasse II/54 f.
Redoutensaal VI/205
Regensburgerhof III/109
Reichskanzleitrakt (Hofburg) VI/215

Renngasse V/186
Ringstraße R/228 ff.
Riesenrad R/230
Riesentor I/10 f.
Ronacher (Varieté) II/58
Rosenbursengasse III/98
Rossauer Kaserne R/230 f.
Rotenturmstraße III/74 ff., 87, 110
Ruprechtskirche III/83 ff., R/230
Ruprechtsplatz III/83 ff.

Sacher, Hotel VI/195 f.
Salvatorgasse IV/138
Salztorbrücke R/230
Schatzkammer (Hofburg) VI/210
Schatzkammer des Deutschen Ordens II/40
Schillerdenkmal R/232
Schmeckender-Wurm-Hof III/110 f.
Schönlaterngasse III/97, 99 ff.
Schottenring R/230
Schulhof IV/126 f.
Schultergasse IV/131
Schützenhaus R/230
Schutzmantelmadonna I/18
Schwarzenbergplatz II/61, R/229
Schwedenplatz R/230
Schweizerhof VI/207 ff.
Schweizertor VI/210 ff.
Schwertgasse IV/142 f.
Seilerstätte II/58, II/60 ff.
Seitenstettengasse III/86 f.
Seitenstettnerhof III/86
Singerstraße II/38, 41
Singertor I/14
Sonnenfelsgasse III/102 f.
Spanische Reitschule VI/201, 204 f.
Stadtpark R/229
Stallburg VI/204 f.
Stallburggasse V/161 f.
St.-Anna-Kirche II/63
St.-Bernhards-Kapelle III/101
Steindlgasse IV/122 ff., 147
Stephansdom I/8 ff., II/38, III/74, IV/114, 138, V/154 ff., VI/199
Stephansplatz I/8 ff., II/38, 71, III/111, IV/114, 151, V/154 ff., 191
Steyrerhof III/88 ff.
St.-Niklas-Kloster II/43
Stock-im-Eisen-Platz V/156 ff.
Stoß im Himmel IV/136 ff.
Strauchgasse V/187
Straußdenkmal R/229
St.-Virgil-Kapelle V/154 ff.
Synagoge III/87

Theatermuseum VI/199
Tiefer Graben IV/144 f., V/187
Totendoktorhaus III/99
Trattnerhof V/190
Tuchlauben III/78, IV/120 f., 131 ff., 150

Uhrenmuseum IV/126 f.
Universität (alte) I/25, III/103
Universität (neue) R/231
Urania R/230
Urbani-Keller IV/147
Ursulinerinnenkloster II/60

Vermählungsbrunnen III/78, 80
Völkerkundemuseum VI/225
Volksgarten VI/221 f., R/231
Votivkirche R/231

Wallnerstraße III/106, V/171 ff.
Wandl, Hotel IV/117 f.
Weihburggasse II/52
Wiener Neustädter Hof III/82
Wiesingerstraße III/97
Windhaaggasse III/106 f.
Winterpalais d. Prinzen Eugen II/56
Wipplingerstraße IV/133 ff.
Witwe-von-Sarepta-Brunnen II/60
»Wo der Teufel mit der Bognerin rauft« V/188
»Wo die Kuh am Brett spielt« III/106 f.
Wolfengasse III/96

Zacherlhaus IV/114
Zahnwehherrgott I/31 f.
Zuckerbäckerstiege VI/218
Zwölfapostelkeller III/103

Inhalt

Vorwort 5

ERSTE TOUR 7
(Stephansdom)

ZWEITE TOUR 37
(Deutsches Haus – Kärntner Durchgang)

DRITTE TOUR 73
(Rotenturmstraße – Lugeck)

VIERTE TOUR 113
(Brandstätte – Naglergasse)

FÜNFTE TOUR 153
(Stephansplatz – Graben)

SECHSTE TOUR 193
(Oper – Burggarten)

RINGRUNDFAHRT 228

Namenregister 234

Ortsregister. 236